L.&F. FUNCKEN

Liliane und Fred Funcken

Historische Uniformen

19. Jahrhundert

1850-1900: Frankreich, Großbritannien, Deutschland, Österreich, Rußland.

Infanterie, Kavallerie, technische Truppen, Artillerie.

Mosaik Verlag

Aus dem Französischen von Hedwig Sander
Fachliche Beratung für die deutschsprachige Ausgabe: Robert Spiering
Schutzumschlag: Klaus Renner
Titel der Originalausgabe:
L'Uniforme et les Armes des soldats du 19e siècle

 Printed in Belgium
ISBN 3-570-01461-4

Vorwort

Mit diesem 17. Band* schließen wir die Aufgabe ab, an der wir siebzehn Jahre lang tätig waren. Während dieser Zeit haben wir – nach einem Überblick über »die Soldaten aller Zeiten« – tausende Uniformen, vom Mittelalter bis zum Zweiten Weltkrieg, geprüft und gezeichnet. Nun sind wir am Ende der langen Reihe angekommen.

Wir konnten diese langwierige, aber begeisternde Arbeit erfolgreich zu Ende führen, weil wir immer wieder Berater fanden, die uns halfen, und treue Freunde, die uns ermutigten, und ohne sie wäre es uns vielleicht nie gelungen, in ein Gebiet vorzustoßen, das manchmal noch als »Reservat« angesehen wird: die Welt der Uniformkunde!

Man möge uns gestatten, daß wir noch ein letztes Mal jenen Zinnfigurenliebhabern unseren Dank abstatten, bei denen wir stets Hilfe und Rückhalt fanden, wie Jean Deconninck, Pierre Simon, Jacques Lekeu, René Moulin, Jean Guilbart und Jacques Lesellier; wir danken ebenso allen Fachleuten, die uns immer wieder großzügig zur Seite standen, wie Albert Rigondeau genannt Rigo, Eugène Lelièpvre, Raoul und Jean Brunon, William Carman und John Elting.

All unsere Dankbarkeit gilt schließlich Jean Lorette, Konservator des Kupferstichkabinetts des Brüsseler Musée royal de l'Armée, der unserer zahlreichen Besuche nie müde wurde.

So entdeckten wir bald ein wertvolles Dokument, bald hatten wir Gelegenheit, eine Einzelheit zu verifizieren oder eine Hypothese bestätigt zu finden ... Wir überwanden Zeiten der Mutlosigkeit und kamen Schritt für Schritt voran ... und stellten eines Tages fest, daß wir eine Enzyklopädie geschaffen hatten.

Liliane und Fred Funcken

* In deutscher Sprache sind insgesamt 8 Bände dieses Werkes erschienen: »Historische Uniformen – 18. Jahrhundert« (2 Bände), »Historische Uniformen – Napoleonische Zeit« (2 Bände), »Historische Uniformen – 19. Jahrhundert« (2 Bände) sowie »Rüstung und Kriegsgerät im Mittelalter« und »Rüstung und Kriegsgerät der Ritter und Landsknechte«.

1
2
3
4
5
6
7
L. & F.
FUNCKEN

ERSTER TEIL

DAS FRANZÖSISCHE HEER

FRANKREICH
HUNDERT-GARDEN, 1854

1. Große Uniform. – 2. Im Mantel. – 3. Im Salon-Küraß. – 4. Ausgehuniform mit Hut. – 5. Trompeter. – 6. Kleine Uniform mit Dienstmütze. – 7. Große Uniform, Rückansicht.
Vor dem 20. September 1854 waren die Kinnriemen aus Leder und der weiße Federbusch war unten amarantrot. Das Amarantrot wurde ebenfalls bei den Uniformen verwendet statt des hier gezeigten Scharlachrots; es wurde nur auf den Schabracken beibehalten.

Im Sommer 1815 wurde ein kleiner, siebenjähriger Junge, der Prinz Louis Napoleon, Sohn von Hortense de Beauharnais und dem König von Holland, Louis Bonaparte, in einer von österreichischen Soldaten eskortierten Karosse aus Frankreich herausgebracht.

Für den Neffen des großen Napoleon, der nach dem Tode des Königs von Rom im Jahre 1832 der einzige Prätendent der Bonapartisten geworden war, ging die lange Reise im Jahre 1848 zu Ende, als er nur wenige Monate nach der überstürzten Flucht des Königs Louis Philippe in den Elysée-Palast einzog.

Der zum Präsidenten aufgestiegene Prinz entwickelte ein bemerkenswertes Geschick, die Sympathien des Volkes für sich zu gewinnen, und er verstand es, das Andenken an Napoleon bis zum Staatsstreich von 1851 und bis zu seiner Ausrufung zum Erbkaiser, am 2. Dezember 1852, wachzuhalten.

Die Hundert-Garden

Durch diese speziell der Person des Souveräns verbundenen Elite-Einheit wurden die alten Gardes de la manche, Gardes de la porte usw. ersetzt.

Diese 1854 aufgestellte Einheit erhielt ihre endgültige Organisation im Jahre 1858. Sie bestand aus einem Stab und zwei Kompanien mit 190 Unteroffizieren und Gardisten, die sowohl aus den berittenen Linien-Truppen als auch aus der Garde rekrutiert wurden. Die Gardisten mußten mindestens 1,80 m groß sein.

Die Einheit erhielt einen besonders hohen Sold, der sich für die Gardisten und Trompeter auf 1000 Goldfranken pro Jahr belief. Nach sieben Dienstjahren erhielten sie zusätzlich zwölf bis zwanzig Centimes pro Tag.

Die Kaisergarde

Im Paragraph eins des Dekrets vom 1. Mai 1854 heißt es: »Die Kaisergarde wird wiedererrichtet.« Damit erweckte Napoleon III. die berühmteste Truppe seines illustren Onkels wieder zum Leben.

Die Kaisergarde bildete eine gemischte Division, die sich wie folgt zusammensetzte:

1. Infanterie-Brigade:	2 Reg. Grenadiere zu 3 Bataillonen (4 i. J. 1855)
2. Infanterie-Brigade	2 Reg. Voltigeure zu 3 Bataillonen (4 i. J. 1855) 1 Bataillon Jäger zu Fuß
Kavallerie-Brigade	1 Reg. Kürassiere zu 6 Eskadronen 1 Reg. Guiden zu 6 Eskadronen
Gendarmerie:	1 Reg. zu 2 Bataillonen (3 im J. 1855)
Artillerie	1 Reg. reitende Artillerie zu 5 Batterien (6 i. J. 1855) und 1 Ersatzkader
Genie:	1 Kompanie (2 im J. 1855)

Zusätzlich zu den oben angeführten Aufstockungen wurden mit Dekret vom 17. Februar 1855 eine Eskadron für das Fuhrwesen, ein Regiment Fuß-Artillerie und ein Zuaven-Regiment errichtet.

Im Dezember des gleichen Jahres wurde die Kaisergarde umgebildet und durch neue Regimenter vergrößert:

1. Division	1. Brigade	1 Reg. Gendarmerie 1. Reg. Grenadiere 1 Reg. Zuaven	2 Bataillone 4 Bataillone 2 Bataillone	8 Bataillone
	2. Brigade	2. Reg. Grenadiere 3. Reg. Grenadiere	4 Bataillone 4 Bataillone	8 Bataillone
2. Division	3. Brigade	1. Reg. Voltigeure 2. Reg. Voltigeure 1 Bataillon Jäger	4 Bataillone 4 Bataillone 1 Bataillon	9 Bataillone
	4. Brigade	3. Reg. Voltigeure 4. Reg. Voltigeure	4 Bataillone 4 Bataillone	8 Bataillone
	1. Brigade	Eskadron Gendarmerie 1. Reg. Kürassiere 2. Reg. Kürassiere	1 Eskadron 6 Eskadronen 6 Eskadronen	37 Eskadronen
	2. Brigade	1 Reg. Dragoner der Kaiserin 1 Reg. Lanciers 1 Reg. Jäger 1 Reg. Guiden	6 Eskadronen 6 Eskadronen 6 Eskadronen 6 Eskadronen	

Im Jahre 1865 kam noch ein Regiment Carabiniers mit 6 Eskadronen hinzu, das aus den Linien-Carabiniers gebildet wurde.

Garde-Kavallerie

Kürassiere

Die Bekleidung der Kürassiere, Capote-Waffenrock genannt, war beim 1. Regiment dunkelblau und beim 2. Regiment himmelblau. Der Mantel aus krapprotem Tuch wurde von beiden Regimentern getragen.

FRANKREICH
KAISERGARDE
KÜRASSIERE

1. 1. Regiment. Beim 2. Reg. war die Schabracke himmelblau mit weißer Borte und scharlachroter Paspel, desgleichen die beiden Seitenteile des Mantelsackes. – 2. Trompeter des 2. Regiments. – 3. Trompeter des 3. Regiments. – 4. 2. Regiment mit Küraßüberzug und Dienstmütze. Diese hatte beim 1. Regiment einen dunkelblauen Grund. – 5. 1. Regiment. – 6. 2. Regiment im Mantel. Der Kragen war beim 1. Regiment ganz rot. – 7. 2. Regiment. – 8. Patronentasche. – 9. Detail der Rockschöße (1. Regiment).

1
2
3
4
5
6
7
8
9
L. & F. FUNCKEN

Unter dem Federbusch aus runden, scharlachroten Hahnenfedern befand sich eine angerauhte Wollolive in der Farbe der Eskadron: 1. dunkelblau, 2. karmesinrot, 3. grün, 4. himmelblau, 5. jonquillengelb und 6. orange.

Am 15. November 1865 wurden die beiden Regimenter per Dekret zu einem einzigen verschmolzen. Es trug den dunkelblauen Capote-Waffenrock des 1. Regiments und übernahm auch dessen übrige Bekleidung.

Die Dragoner der Kaiserin

Auf den ersten Blick unterschieden sich die Garde-Dragoner von den Linien-Dragonern nur durch die Epauletten und Achselschnüre aus weißem Garn; der grüne Rock hatte noch immer den Schnitt und die Proportionen, die seit 1845 für die Dragonerwaffe galten.

Bei der Kleinen Uniform war der weiße Brustteil grün und ebenso gepaspelt.

Der ganz aus Kupfer gearbeitete Helm war ein Sondermodell ohne die Verbrämung aus getigertem Kuhfell, die nur die Linien-Truppe trug. Der Federbusch und seine Olive folgten den Abzeichenfarben, die für die Kürassiere vorgeschrieben waren.

Carabiniers

Seit 1825 gab es wieder zwei Regimenter Carabiniers. Durch Dekret vom 15. November 1865 wurden sie zu einem Regiment verschmolzen, das in die Kaisergarde aufgenommen wurde.

Der Waffenrock war weiterhin aus himmelblauem Tuch gearbeitet, bekam aber als Schmuck scharlachrote Achselschnüre. Das Weißmetallband des Helms trug nun ein großes N, und die weiße Sonne auf dem Küraß erhielt ein vergoldetes Medaillon mit dem kaiserlichen Adler.

Lanciers

Zwar hatte der Rock der Garde-Lanciers die gleiche Form wie bei den Linien-Lanciers, doch war er aus weißem Tuch hergestellt und besaß eine himmelblaue »Corsage«, die auf der Brust mit weißen, aus Knochen gefertigten Knöpfen gerade zugeknöpft wurde, sowie rote Achselschnüre und Epauletten.

Die Tschapka war ein wenig niedriger als bei den Linien-Truppen, Zelt und Spitze der Tschapka waren mit himmelblauem Tuch bezogen. Die Besätze bestanden aus weißem Garn: die untere Borte und die Schnüre auf allen Kanten des Zeltes, die auf der Spitze ein Kreuz bildeten.

Der kupferne Beschlag zeigte das kaiserliche Namenszeichen mit einer

FRANKREICH
KAISERGARDE
DRAGONER DER KAISERIN

1. Große Uniform zu Pferde. – 2. Trompeter. – 3. Dragoner. – 4. Offizier. – 5. Dienstmütze. Bei den Offizieren besaß sie goldene Besätze statt der roten. – 6. Mantel der Truppe. Die Offiziere trugen einen dunkelgrünen Mantel mit Goldschnüren.

1
2
3
4
5
6
L. & F. FUNCKEN

Krone darüber in einem Strahlenkranz. Die Schuppenkette war auf himmelblaues Tuch montiert. Der scharlachrote Federbusch aus Hahnenfedern, der hängend als sogenannte »Trauerweide« getragen wurde, hatte unten einen halbkugeligen Pompon in der Farbe der Eskadron.

Jäger zu Pferde

Die Garde-Jäger unterschieden sich von den entsprechenden Linien-Truppen durch die weißen Schnüre, die 18 Schnürenreihen auf ihrem hellgrünen Dolman bildeten und von 90 Knöpfen gehalten wurden, die in fünf Reihen vertikal angeordnet waren.

Die Kopfbedeckung, Kolpak genannt, wurde aus schwarzem Seehundfell gefertigt, das über eine Grundform aus Leder gezogen wurde, mit einem Mützenboden aus schwarzem Lackleder. Der Busch aus weißem Roßhaar wurde von einer Tulpe aus Kupfer gehalten, der halbelliptische Pompon bestand bei allen aus scharlachroter Wolle.

Das über die Brust laufende Kolpakband (Fangschnur) wurde bei den Jägern und den Guiden abgeschafft, desgleichen bei Artillerie und Train.

Der Mantel der Truppe war bläulich-weiß.

Guiden

Die Guiden, deren Aufgabe die persönliche Bewachung des Kaisers war, trugen einen Dolman wie die Jäger, doch war er aus dunkelgrünem Tuch und besaß eine Beschnürung aus goldgelber Wolle, die von drei Reihen mit je 18 Kupferknöpfen gehalten wurde.

Darüber hinaus waren zwischen die Schnurreihen eine Doppelreihe doppelt genähter »Litzenbesatz« eingefügt, der an jeder Windung eine kleine Schleife bildete.

Die Kopfbedeckung war ein imposanterer Kolpak als ihn die Jäger trugen. Er war aus Bärenfell hergestellt und hatte einen scharlachroten Beutel mit gelben Borten und gelber Troddel. Über dem ebenfalls goldgelben Pompon saß eine Tulpe aus gestanztem Kupfer, aus der ein weißer Federbusch mit einer Wurzel aus schwarzen Federn hervorwuchs.

Der Mantel hatte den gleichen Schnitt wie bei den Dragonern; er war aus bläulich-weißem Tuch gearbeitet.

Elite-Gendarmen

Die Gendarmen der Garde bekamen 1865 den Namen Gendarmes d'Elite. Sie trugen einen dunkelblauen Rock mit scharlachrotem Brustteil und versilberten Knöpfen. Die Hose aus weißem Trikot wurde mit sogenannten »halbstarken« Reitstiefeln getragen.

FRANKREICH
KAISERGARDE
CARABINIERS

1. Große Uniform zu Pferde. – 2. Trompeter. – 3. Offizier in Ausgehuniform. – 4 und 5. Große Uniform der Truppe. – 6. Im Mantel. Die Offiziere trugen einen krapproten Mantel.
Die Carabiniers gab es erst ab 1865, als die Carabiniers der Linien-Kavallerie in die Garde eingegliedert wurden.

1
2
3
4
5
6
L. & F. FUNCKEN

Die Kopfbedeckung bestand aus einer imposanten Pelzmütze, die als Schmuck ein Schild mit dem Adler und einen scharlachroten Federbusch trug.

Garde-Artillerie

Reitende Artillerie

Sie trug einen dunkelblauen Dolman, vom gleichen Modell wie die reitenden Jäger, der jedoch einen bogenförmig ausgeschnittenen Kragen hatte. Tressen und Besätze »nach Art der Jäger« waren rot.

Die vorschriftsmäßige dunkelblaue Hose hatte an beiden Seiten eine scharlachrote Paspel, die zwei 30 mm breite, scharlachrote Streifen umgaben. Die Reithose sah ebenso aus, war aber an der Innenseite der Hosenbeine schwarzbraun gefärbt und mit falschen Stiefeln aus geschwärztem Kalbsleder besetzt[1].

Artillerie zu Fuß

Die Artilleristen zu Fuß trugen eine Uniform, die der ihrer berittenen Kameraden glich, doch wurde die Beschnürung nur von drei Knopfreihen gehalten.

Fuhrwesen

Im Jahre 1854 besaß der graublaue[2] Rock des Trains ein Brustteil, das zwei scharlachrot eingefaßte Rabatten vortäuschte, doch schon ab 1855 trug diese Truppe einen Dolman von gleichen Maßen und Schnitt wie die reitende Artillerie.

Die Brust war allerdings nur mit neun scharlachroten Schnüren versehen, die von fünf Reihen weißer Knöpfe gehalten wurden. Diese relative Schlichtheit wurde aber dadurch wettgemacht, daß zwischen jeder Schnurreihe ein kleiner Litzenbesatz saß, der an jeder Windung eine Schleife bildete.

Die seit 1855 vorgeschriebene Kopfbedeckung bestand aus einem Tschako mit graublauem Tuchüberzug, der am oberen Rand eine rote Borte hatte und zwei rote Stege. Dazu kam ein scharlachroter Federbusch mit grüner Wurzel. Zur Kleinen Uniform wurde anstelle des Busches ein kugelförmiger scharlachroter Pompon getragen.

FRANKREICH
KAISERGARDE
LANCIERS

1. Unteroffizier. Die Winkel auf dem Arm lassen das Dienstalter erkennen. – 2. Offizier. – 3. Trompeter. – 4. Lancier – 5. Im Mantel. Der Offiziersmantel war himmelblau und hatte Goldbesatz. – 6. Detail der Rockschöße der Truppe. – 7. Detail der Rockschöße der Trompeter. – 8. Lagermütze. – 9. Lagermütze, Rückansicht. Die Streifen waren bei den anderen Einheiten genauso angeordnet. – 10. Rock der Kleinen Uniform der Offiziere.

1. Diese Einzelheit wird der Leser auf den Bildtafeln zu den Lanciers, reitenden Jäger und Guiden bemerkt haben.
2. Diese Farbe ließe sich mit dem Graublau der (deutschen) Luftwaffe vergleichen.

1
2
3
4
5
6
7
8
9
10

Garde-Infanterie

Grenadiere

Der Rock

Die erste Uniform, die durch Beschluß vom 1. Mai 1854 vorgeschrieben wurde, sollte sich ganz offensichtlich von derjenigen der Linien-Truppe abheben. Statt des Waffenrockes der Linie wählte man den Frack und das alte Lederzeug, das 1845 zur allgemeinen Erleichterung abgeschafft worden war[1]. Die Epauletten aus scharlachroter Wolle waren mit blauem Tuch gefüttert, desgleichen die Epaulettenhalter.

Der dunkelblaue Frack hatte ein weißes Brustteil, das zur Taille hin schmaler wurde. Bei der Kleinen Uniform wurde statt des weißen Brustteils ein ebensolches in Dunkelblau getragen.

Die Rockschöße, geschnitten nach dem allgemeinen Modell, waren mit scharlachrotem Tuch gefüttert. Die Schoßumschläge waren blau eingefaßt und mit einer aus weißem Garn gestickten Granate geschmückt.

Die Bärenfellmütze

Die Bärenfellmütze, eine 30 cm hohe Pelzmütze, war aus schwarz gefärbtem Bärenfell auf eine Lederform gearbeitet. Vorn saß ein Schild aus Tombak mit eingeprägtem Relief. Es zeigte einen gekrönten Adler auf einer flammenden Granate aus der die Regimentsnummer ausgestanzt war, den Hintergrund dazu bildete ein Strahlenkranz.

Der scharlachrote Mützenboden war in der Mitte mit einer Granate aus weißem Garn bestickt.

Zur Großen Uniform war die Pelzmütze mit einer geflochtenen weißen Schnur von 400 mm × 45 mm vorn und 390 mm × 35 mm hinten behängt, die oben rechts auf der Mütze von einer Spange gehalten und schräg nach links unten geführt wurde, wo sie mit einer zweiten Spange befestigt war. An der Schnur vorn hing eine einzelne ovale Platte mit Posamentierarbeit aus weißem Garn. Vorn oben hing dazu eine Quaste, und auf der linken Seite stieg ein 240 mm hoher Busch aus scharlachroten runden Federn aus einer Pompon-Kokarde in den Nationalfarben auf. Der Pompon bestand aus gefaltetem Ziegenfell, das über eine Holzform gezogen war. Zur Felduniform blieb nur dieser Pompon an der Mütze. Aller sonstige Schmuck wurde abgenommen.

Im Kampf, unter der brennenden Sonne Italiens, bei Magenta, wurde die Bärenfellmütze meist am Handgelenk getragen und nach Solferino wurde sie abgeschafft. Unzählige Bärenfellmützen gingen im Laufe dieses siegreichen Feldzuges »verloren«.

FRANKREICH
KAISERGARDE
JÄGER ZU PFERDE

1. Große Reituniform. – 2. Trompeter. – 3. Mit Lagermütze und Jacke. Alle anderen Einheiten hatten die gleiche Jacke auch, natürlich in ihren Farben. – 4. Offizier, Große Uniform. – 5. Offizier, Ausgehuniform. – 6. Jäger. – 7. Im Mantel. Der Offizier hatte einen grünen Mantel mit Goldbesatz.

1. Siehe Band 1 dieses Werkes, Seite 51, Abb. 11, 12 und 13.

1
2
3
4
5
6
7
L. & F. FUNCKEN

Hut und Lagermütze

Der Hut des allgemeinen Modells war mit einer Borte aus schwarzem Ziegenleder besetzt. Eine Schlaufe aus goldgelber Wolle lief quer über die Kokarde, in der Mitte hatte die Schlaufe einen schwarzen Streifen von 3 mm. Parallel zur Schlaufe waren zwei goldgelbe Haltelitzen aufgenäht; zwei entsprechende Litzen verschlossen die rechte Ecke und kamen auf der Rückseite des Huts wieder hervor.

Ein Pompon aus angerauhter Wolle, ein sogenannter »Pilz«, saß leicht nach vorn geneigt auf der linken Ecke. Hier zeigen wir die Varianten, die zur Unterscheidung der Regimenter und Kompanien verwendet wurden.

Die Lagermütze »nach Dragonerart« war dunkelblau und mit scharlachroten Litzen und Borten besetzt. Auf der Vorderseite trug sie eine Granate aus scharlachrotem Garn und eine Wollquaste gleicher Farbe.

Der Capotemantel

Im Unterschied zu den Linientruppen war der Capotemantel der Garde aus dunkelblauem Tuch und wurde auf der Brust übereinander geknöpft. Das geschah mit zwei Reihen zu je sieben großen Knöpfen, die in einem von oben nach unten kleiner werdenden Abstand angeordnet waren.

Die Taschen auf dem Rücken hatten Patten, die mit drei großen Knöpfen festgehalten wurden.

Abwandlungen

1857 bekam der bisher dunkelblaue Kragen eine scharlachrote Farbe, und die Hose war nun krapprot mit dunkelblauem Streifen statt dunkelblau mit scharlachrotem Streifen.

Durch einen Beschluß vom 18. Februar 1860 wurde die Uniform weitgehend geändert. Der neue Waffenrock war zwar immer noch dunkelblau, er wurde nun aber auf der Brust mit neun großen Knöpfen und ebenso vielen Tuchknopflöchern, die an beiden Enden in Kettenstichen ausliefen, in einer geraden Reihe geschlossen. Der letzte Knopf verschwand unter der Koppel.

Die schwarz gefärbte Bärenfellmütze von 1860 unterschied sich in ihrer Machart in nichts von der von 1854. Die neue Vorschrift hatte lediglich die Spangen an den geflochtenen Schnüren abgeschafft. Wie vorher bestand der Kinnriemen aus 50 Ringen, die auf ein Schaflederband montiert waren.

Ausrüstung

Der Tornister, aus Kalbsleder mit dem Fell nach außen gefertigt, war mit geschwärztem Kalbsleder eingefaßt und besaß Tragriemen aus schwarzem Leder.

FRANKREICH
KAISERGARDE
GUIDEN

1. Trompeter, Große Uniform. – 2. Im Mantel. – 3. Große Reituniform. – 4. Offizier. – 5. Pelz der Truppe, Rückansicht. – 6. Unter-Offizier.

1
2
3
4
5
6
L. & F. FUNCKEN

Im Winter wurden Gamaschen aus schwarzem Leder getragen, im Sommer weiße, blau gepaspelte Leinengamaschen.

Im Jahre 1860 wurde das bisher über Brust und Rücken gekreuzte Lederzeug durch eine Säbelkoppel ersetzt. Sein fast quadratisches kupfernes Schloß mit den umgebogenen, leicht gerundeten Ecken war mit dem Relief einer Granate geschmückt.

Sappeure

Der Waffenrock der Sappeure trug auf den Ärmeln, zwischen Schulter und Ellenbogen, die gekreuzten Äxte und die Granate in rot. Die Pelzmütze besaß weder Schild noch Mützenboden.

Eine Schürze aus weißem Wildleder hing an einem abgesteppten Gürtel aus Wildleder, mit dem Granatkoppelblech der Truppe.

Die weißen ledernen Stulpenhandschuhe und der Tornister aus schwarzem Kalbfell gaben dem Sappeur ein sehr sonderbares Aussehen.

Zur Parade wurde die Axt in der Hand getragen und der Karabiner links, mit dem Kolben nach unten, übergehängt. Auf Märschen und bei Manövern wurde der Karabiner in der rechten Hand getragen und die Axt in den Halfter des Tornisters gehängt, wobei die Schneide in ein Etui aus schwarzem Rindsleder gesteckt wurde.

Zum Präsentieren der Axt mußte der Sappeur den Stiel über die rechte Schulter auf die Mantelrolle legen, wobei die Schneide in die Luft ragen und das Eisen etwa 50 mm hinten über die Rolle hinausstehen mußte. Die rechte Hand, die etwa auf Schulterhöhe erhoben war, mußte den Axtstiel etwa 250 mm vom unteren Ende entfernt halten.

Wenn der Sappeur die Axt vorschriftsmäßig auf der rechten Schulter trug, hielt er das Eisen umgekehrt, mit der Schneide nach unten. Beim Niedersetzen der Waffen wurde die Axt in der rechten Hand am Hals des Eisens gehalten, die Schneide oben und nach vorn ausgerichtet.

Abzeichen

Gefreiter (caporal[1]): zwei parallele scharlachrote Litzen auf jedem Unterarm.
Unteroffizier (sergent): eine Goldlitze auf jedem Unterarm.
Furier (Unteroffizier oder Gefreiter): eine zusätzliche, schräge Goldlitze auf jedem Arm, von außen nach innen verlaufend.
Feldwebel (sergent-major): zwei Goldlitzen auf jedem Unterarm.
Winkel für das Dienstalter: mit der Spitze nach oben und nur auf dem linken Oberarm; in roter Wolle bei den Gefreiten, in Gold bei den Unteroffizieren.
Höhere Unteroffiziere (adjudant sous-officier): eine Epaulette aus weißem Metall rechts, eine entsprechende Kontreepaulette links; beide in ganzer Länge mit krapprotem Streifen versehen.
Leutnant (sous-lieutenant): eine Goldepaulette rechts und eine entsprechende Kontreepaulette links.

FRANKREICH
KAISERGARDE
ARTILLERIE
UND ARTILLERIETRAIN

Reitende Artillerie:
1. Trompeter. – 2 und 3. Artilleristen. – 4. Offizier, Große Uniform. – 5. Offizier, Kleine Uniform.

Fußartillerie:
6. Große Uniform. – 7. Offizier, Große Uniform. – 8. Artillerist, Große Uniform im Capotemantel.

Artillerietrain:
9. Offizier. – 10. Soldat in Kleiner Winteruniform. Die Uniform war mit der Kleidung der Artillerie identisch, ausgenommen die mit roten Tressen besetzten dunkelblauen Ärmelaufschläge und die Knöpfe aus weißem Metall. – 11. Lagermütze.

1. Caporal (frz.): ein Dienstgrad höher als der deutsche Gefreite, aber niedriger als Unteroffizier.

1
2
3
4
5
6
7
8
9
10
11
L. & F. Funcken

Ober-Leutnant (lieutenant): wie beim vorigen in umgekehrter Anordnung.
Hauptmann (capitaine): zwei Goldepauletten.
Stabs-Kapitän (capitaine adjudant-major): zwei Silberepauletten.
Bataillons-Kommandeur (chef de bataillon)[1]: eine Goldepaulette links, eine entsprechende Kontreepaulette rechts.
Major (major): wie beim vorigen in umgekehrter Anordnung.
Oberstleutnant (lieutenant-colonel): zwei Goldepauletten, jedoch Rumpf, Feld und Riegel in Silber.
Oberst (colonel): zwei Epauletten in Gold.

Die Offiziere aller Grade trugen außerdem rechts eine Achselschnur in Gold.

Voltigeure

Der Frack

Im Jahre 1854 waren die Voltigeure wie die Grenadiere gekleidet, mit Ausnahme ihrer Abzeichenfarbe, dem Jonquillengelb.

Die Schoßumschläge waren mit zwei Granaten und zwei Jagdhörnern in blauer Farbe geschmückt, die spitz zulaufenden Ärmelaufschläge der Leichten Infanterie waren jonquillengelb vorgestoßen.

Die Epauletten, die zunächst, zumindest auf dem Papier, aus jonquillengelber Wolle gemacht waren, wurden schon 1854 scharlachrot mit jonquillengelben Halbmonden und Riegeln. 1857 bekamen die Voltigeure, zur gleichen Zeit wie die Grenadiere, krapprote Hosen.

Der Waffenrock von 1860

Der am 18. Februar 1860 eingeführte Waffenrock gleicht völlig dem Rock, den wir bei den Grenadieren beschrieben haben, abgesehen von der jonquillengelben Abzeichenfarbe und den spitz zulaufenden Ärmelaufschlägen mit jonquillengelbem Vorstoß.

Kopfbedeckung

Als Kopfbedeckung erhielten die Voltigeure einen mit blauem Tuch bezogenen Tschako. Er hatte zunächst eine rundum laufende Borte, angewinkelte Stege und eine Schnur mit zwei Platten aus weißem Garn; im Jahre 1857 bekam er dann Borte und Stege in Jonquillengelb. Es hat aber den Anschein, daß das Jonquillengelb schon bei Aufstellung der Einheit vorherrschte.

Das Schild aus geprägtem und ausgestanztem Kupfer stellte einen gekrönten Adler auf einer Granate dar, in die die Nummer hineingeschnitten war. Die Kinnriemen bestanden aus Kupferplättchen, 16 auf jeder Seite.

Auf den Seiten waren zwei Lacklederbänder von 20 mm Breite aufgenäht, die ein V mit 60 mm Schenkelabstand bildeten, in den ein Belüftungsloch eingelassen war.

FRANKREICH
KAISERGARDE, GENIE
UND FUHRWESEN

Fuhrwesen:
1. Im Mantel. – 2. Unteroffizier, Große Uniform, 1854. – 3. Unteroffizier, Große Uniform, 1855. – 4. Offizier, Große Uniform, 1855. – 5. Soldat einer Leichten Kompanie. – 6. Detail der Tressen.

Genie:
7. Mineur, Große Uniform, 1857. Bei der gewöhnlichen Uniform war das Brustteil aus schwarzem Baumwollsamt blau mit scharlachrotem Vorstoß. – 8. Mineur. – 9. Offizier. – 10. Für 1864 vorgesehene Große Uniform. Da in jenem Jahr die Genietruppen schon abgeschafft waren, wurde die Uniform nicht getragen.

1. Von diesem Rang ab wurden Epauletten mit dicken Fransen getragen; bei Subalternoffizieren hatten sie dünne, gebräunte Fransen.

1
2
3
4
5
6
7
8
9
10

Der Tschako war mit einem Mützenbeutel aus Rindsleder überzogen und mit einem quadratisch geschnittenen, doch an den Ecken abgerundeten Augenschirm ausgestattet, der von oben schwarz und von unten grün lackiert war.

Seit November 1860 war hinter dem Adler-Schild eine Kokarde aus bemaltem Metall – nicht mehr aus bemaltem Leder – um Krone, Kopf und Hals des Tiers herum zu sehen. Der Kinnriemen aus schwarz gefärbtem Rindsleder wurde mit einer geschwärzten Schnalle geschlossen. Ein Busch aus herabhängenden Federn, »nach Trauerweidenart«, scharlachrot mit jonquillengelber Spitze, war in der Vorschrift von 1860 zwar vorgesehen, aber niemals eingeführt worden. An seine Stelle trat ein gerader Stutz »in Pinselform«, oben jonquillengelb, unten scharlachrot. Er ist in den Abbildungen zu sehen.

Im Jahre 1860 wurden die Behänge abgeschafft. Der Tschako wurde aus geschwärztem und gewachstem Rindsleder hergestellt und bekam oben einen 15 mm breiten Besatz aus schwarzem Lackleder und unten ein ähnliches, aber 20 mm breites »Hutband«.

Es gab auch den allgemein üblichen Tschako-Überzug aus wasserdichtem Leinen, auf den vorn Horn und Granate in Jonquillengelb (in Gold bei den Offizieren) aufgemalt waren.

Die Jacke

Grenadiere und Voltigeure besaßen eine blaue Jacke, die auf der Brust gerade geschlossen wurde. Der Kragen hatte Patten in der Abzeichenfarbe. Die Jacke wurde stets nur ausnahmsweise getragen, sowohl beim Exerzieren wie im Manöver oder im Felde.

Jäger zu Fuß

Rock

Der dunkelblaue Tuchrock aus dem Jahre 1854 wurde mit neun großen Knöpfen geschlossen, sein Miederteil reichte bis zur Taille und umschloß sie eng. Er lief rundherum in einem kurzen Rockschoß aus. Auf beiden Seiten des Rückenschlitzes gab es zwei Schoßumschläge mit zwei Patten nach Art des Soubise, dies alles mit jonquillengelben Vorstößen.

Die Epauletten hatten grüne Fransen und jonquillengelbe Halbmonde.

Hose

Die sehr weite, blaugraue Hose hatte einen ganz ungewöhnlichen Schnitt: Sie besaß auf jeder Seite, vorn und hinten, sieben Falten. Die Hosenbeine fielen locker bis über die halbe Wade, weil sie unter dem Knie von einem Bund mit Knopfverschluß gehalten wurden, ganz wie die Kniehosen fürs Golfspiel.

FRANKREICH
KAISERGARDE
GENDARMERIE

Reitende Gendarmerie:
1–3. Große Uniform. – 4. Ausgehuniform.

Gendarmerie zu Fuß:
5. Trommler. – 6. Große Uniform. – 7. Details.

Bei der Kleinen Uniform wurde in beiden Einheiten das rote Brustteil durch ein dunkelblaues Brustteil ersetzt.

1
2
3
4
5
6
7
L. & F. FUNCKEN

1
2
3
4
5
6
7
8
9
10
11
12
13

20
19
21
22
14
15
17
18
16
L. & F. FUNCKEN

Die an den Seiten geschlitzten, senkrecht angeordneten Taschen waren jonquillengelb gepaspelt und mit einer Husaren-Schleife gleicher Farbe unterstrichen.

Jacke und Mantel

Die Jacke war am Kragen mit einer jonquillengelben Granate geschmückt und der Mantel, den auch die Jäger der Linie trugen, besaß einen Kragen oder Umhang mit Kapuze in der gleichen blaugrauen Farbe.

Tschako

Es war die gleiche Kopfbedeckung, die auch die Voltigeure trugen, doch waren Borte und Stege jonquillengelb. Die adlerförmige Platte trug statt der Nummer ein Jagdhorn auf der Granate. Der herabhängende Busch aus schwarzgrünen Hahnenfedern wurde stets getragen; nur bei schlechtem Wetter wurde der Tschako ohne Schmuck mit dem Überzug aufgesetzt.

Offiziere

Bis November 1854 besaßen die Offiziere wie die Truppe einen dunkelblauen Frack aus Tuch. Dann bekamen sie einen Waffenrock mit langen Schößen, wie ihn die Offiziere der Linien-Jäger trugen, jedoch mit einem gerade schließenden Kragen.

Bei Kleiner Uniform trug der Waffenrock, der keine Epaulettenhalter besaß, Rangabzeichen in Form von Husaren-Schleifen aus Metalltresse in unterschiedlicher Zahl: drei Goldtressen für den Stabs-Feldwebel (adjudant-major); die erste und dritte in Gold und die zweite in Silber für den Stabs-Kapitän (capitaine-major).

Lagermütze

Bei der Truppe hatte die Lagermütze jonquillengelbe Borten und einen quadratischen Augenschirm mit einer jonquillengelben Granate darüber.

Beim Offizier war der Schmuck silbern, dazu war auf den Mützenboden eine Husaren-Schleife aus dem gleichen Metall aufgenäht. Auch trug die Mütze die Rangtressen. Innen war sie mit Pappe versteift.

Die Uniform von 1860

Wie bei den anderen Regimentern der Garde-Infanterie wurden in diesem Jahr bei den Jägern die gleichen Knopflöcher aus weißer Litze eingeführt wie bei den Grenadieren; die Offiziere erhielten Tressen »nach Art der Husaren«.

Der Federbusch wurde zweifarbig, mit einer Spitze aus roten Federn.

FRANKREICH
KAISERGARDE
GRENADIERE UND VOLTIGEURE
(S. 28–29)

Grenadiere:
1. Offizier in Großer Uniform, 1854. Im Jahre 1856 wurde die krapprote Hose mit Goldbesatz eingeführt. – 2. Offizier in Großer Uniform, 1860. – 3. Große Uniform, 1854. – 4. Im Capotemantel, 1854. – 5. Große Uniform, 1857. – 6. Felduniform, 1857. – 7. Frack der Musiker, 1860. – 8. Trommler, 1857. Im Jahre 1854 war die gleiche Uniform getragen worden, jedoch war die Hose dunkelblau mit scharlachroter Paspel. – 9. Trommler, 1860. – 10. Felduniform mit Hose in den Gamaschen, 1860. – 11. Ausgehuniform, 1857. Vorher wurde eine dunkelblaue Hose mit rotem Streifen getragen. – 12. Tambour-Major, 1860. – 13. Tambour-Major, 1857. Die Schoßumschläge waren mit den gleichen Litzen und Paspeln geschmückt wie die der Abbildung 7, jedoch ganz vergoldet, mit goldenen Granaten auf den Schoßumschlägen.

Voltigeure:
14. Regiments-Tambour-Major, 1857. Im Jahre 1860 sah er genauso aus wie Abb. 12, jedoch mit der Abzeichenfarbe Jonquillengelb anstelle des Rot, einem Paar Platten am Kolpak und dem Horn statt der Granate als Schmuck. Die Schoßumschläge waren mit goldenen Leiern bestickt. – 15. Tambour-Major (im Unteroffiziersrang), 1854. Bei den Grenadieren trat das Abzeichen-Rot an die Stelle der hier sichtbaren jonquillengelben Teile, und auf dem Bandelier gab es anstelle des Horns die Granate. 1857 wird die krapprote Hose eingeführt. – 16. Felduniform des 1. Regiments, mit Capotemantel, 1854. – 17. Große Uniform des 2. Regiments, 1854. – 18. Ausgehuniform des 3. Regiments, 1857. – 19. Trommler des 4. Regiments, 1857. – 20. Trommler, 1860. – 21. Große Uniform, 1857. – 22. Große Uniform, 1860.

Außer den oben genannten Teilen war noch ein Koppelschloß mit dem Adler vorgesehen, doch haben wir vor 1860 Schlösser mit der Granate angetroffen und danach Schlösser mit dem Jagdhorn.

Eine andere Besonderheit der Jäger bestand darin, daß die Wadenstrümpfe aus fahlrotem Leder gemacht waren und mit kurzen, weißen Gamaschen getragen wurden.

Zuaven

Die Garde konnte sich ein Zuaven-Korps nicht versagen. Die Einheit trug die gleiche Tracht wie die Zuaven der Linie, jedoch mit einer krapproten Tuchjacke mit spitz zulaufenden Ärmelaufschlägen. Die Scheschia genannte Kappe war krapprot und hatte eine Quaste aus jonquillengelber, gedrehter Seide und einen Turban aus weißem Baumwollstoff.

Der Kapuzenumhang, der wie der Umhang der Linien-Zuaven aussah, diente als Mantel und trug vorn vier sogenannte »Soubise-Husaren«-Knopflöcher aus krapproter wollener Litze. Bei den unteren Dienstgraden bestanden die Litzen aus krapproter Wolle und bildeten spitze Winkel; bei den Unteroffizieren entsprechend, doch goldfarben.

Offiziere

Die Offiziere trugen einen Waffenrock nach dem Schnitt für die Offiziere der Garde-Jäger, aber mit krapproten Ärmelaufschlägen. Der dunkelblaue Kragen war mit zwei goldenen Granaten verziert. Die krapprote Hose hatte zur Kleinen Uniform einen einfachen, blauen Streifen und zur Großen Uniform eine Goldlitze.

Der Tschako war der gleiche wie bei den Jägern, hatte Goldborten und keinen Federbusch, ausgenommen die höheren Offiziere.

Im Jahre 1857 wurde der Tschako aus krapprotem Tuch hergestellt, mit dunkelblauem Band, goldener Borte und Tressen.

Die Lagermütze mit Augenschirm bekam die gleichen Farben.

Auf dem Kapuzenmantel und dem Waffenrock zur Kleinen Uniform war der Rang durch Husaren-Schleifen gekennzeichnet. Bei jeder Uniform wurde rechts auf dem Waffenrock eine goldene Achselschnur getragen. 1857 kam ein blauer Kapuzenmantel mit krapprotem Futter und schwarzen Tressen in Gebrauch.

Sappeure

Die Zuaven-Sappeure trugen keine Schürze und hatten schwarze Stulpenhandschuhe und Ärmelaufschläge aus Lackleder.

Das traditionelle Kennzeichen der Sappeure, die beiden gekreuzten Äxte, war auf beide Arme aufgenäht, doch darüber saß noch eine kleine Granate auf einem liegenden Halbmond.

Die Kaisergarde im Kampf

Die Kaisergarde war es sich schuldig, am Krimkrieg teilzunehmen (1854–1855), besonders an der Belagerung von Sewastopol, die im Oktober 1854 begann.

Zwei Brigaden der Kaisergarde wurden nach Rußland geschickt, eine im Januar und eine im Mai 1855.

Allein am letzten, blutigen Tag, dem 8. September, erlitten die beiden Grenadier-Regimenter, die Jäger und die Zuaven, bei der Einnahme des Malakow-Forts hohe Verluste: 31 Offiziere fielen; an der Kleinen Flesche verloren die Jäger beim letzten Angriff 450 Offiziere und Mannschaften durch Tod oder Verwundung.

Die Gesamtverluste dieses Tages bei Garde und Linien-Truppen zusammengenommen beliefen sich auf 145 gefallene Offiziere und 1499 tote Unteroffiziere und Mannschaften; 4259 Offiziere, Unteroffiziere und Mannschaften wurden verwundet, dazu gab es 1400 Vermißte. Macht 7303 Mann.

Die Garde wurde für ihren heldenhaften Einsatz dadurch belohnt, daß der Kommandierende General Pélissier auf dem Schlachtfeld 107 der Ihren zu Offizieren oder Rittern der Ehrenlegion erhob.

Im Italien-Feldzug (1859) stand die Garde in vorderster Front im Einsatz. Wie die Linien-Truppen kämpften die Mitglieder der Garde als Tirailleurs, die während des Afrika-Feldzuges Ehren eingeheimst hatten, und entwickelte in unzähligen Angriffen mit dem Bajonett, die mit größter Wucht vorgetragen wurden, ihre ganze Bravour – die berühmte »Furia francese«.

Dennoch war diese primitive Taktik, die der Kampfweise der Freiwilligen der Revolutionsheere ähnelte, sehr kostspielig und im Blick auf die zukünftigen Kriege und die Feinde, mit denen man es dann zu tun hatte, auch trügerisch.

FRANKREICH
KAISERGARDE
JÄGER ZU FUSS UND ZUAVEN

Jäger:
1. Clairon-Bläser in Großer Uniform, 1857. – 2. Offizier, 1857. – 3. Große Uniform, 1857. – 4. Stabstrompeter (chef de fanfare), 1860. – 5. Clairon-Bläser in Großer Uniform, 1860. – 6. Offizier, 1860. – 7. Jäger, 1860.

Zuaven, 1854:
8. Große Uniform. – 9. Trommler. – 10. Tambour-Major. – 11. Clairon-Bläser. – 12. Große Uniform. – 13. Offizier, Fahnenträger. Der Dekor war der gleiche wie beim Modell von 1812, ausgenommen die Bienen-Motive, die 1854 eingeführt wurden. – 14. Sappeur in der Haltung »Gewehr über« mit der Schneide der Axt nach oben. Auf dem Marsch steckte die Axt im Halfter am Tornister, wobei das Eisenteil mit einem schwarzen, gewachsten Etui geschützt war.
15. Koppelschloß der Zuaven. –
16. Tschakoschild der Jäger.

Linien-Infanterie

Tschako

Im Jahr 1850 finden wir den französischen Fußsoldaten so gekleidet, wie er es zwei Jahre zuvor unter der letzten Monarchie auch gewesen war, ausgenommen das Tschakoschild, aus dem der neue Präsident, Prinz Louis Napoleon, schleunigst die königliche Krone entfernen ließ. Im Jahre 1851 kam ein Adler aus gestanztem Kupfer auf, dem, im Januar 1855, nur noch eine Krone aufgesetzt zu werden brauchte, damit er zum kaiserlichen Adler wurde.

1
2
3
4
5
6
7
8
9
10
11
12
13
14
15
16
L.&F.
FUNCKEN

Das neue Tschako-Modell, das 1856 eingeführt wurde, war niedriger als das vorherige: Es war vorn 150 mm hoch, während das alte 170 mm maß. Dafür ließ es sich stärker über den Hinterkopf ziehen und hatte nun eine hintere Länge von 210 mm statt 200 mm.

Der königsblaue Tschakotopf erhielt zunächst oben eine krapprote Borte, die im Mai 1856 jonquillengelb wurde.

Seit 1855 hatte der Tschako Kinnriemen aus Kupfer anstelle der schwarzledernen.

Dieser Tschako war sehr unbeliebt, denn er drückte an der Stirn und verursachte bei Wärme einen roten Fleck. Ein Soldat des 14. Linien-Regiments, der am 10. April 1859 von Avignon abmarschierte, murrte weniger Tage später: »Da ziehen wir nun in den Krieg, und man hat nicht einmal dafür gesorgt, daß wir diesen Nachttopf loswerden, der uns so den Kopf drückt. Warte! Bei der ersten Gelegenheit werfe ich meinen Tschako zum Teufel!« Alle Hinweise, daß die Metallschuppen wirksam gegen Säbelhiebe schützten, fruchteten nichts, viele Soldaten hatten ihren Tschako schon in die Dora oder den Tanaro geworfen, bevor die Truppen in Alessandria[1] waren; ab dieser Etappe wurde Anfang Mai das Tragen der Lagermütze mit Augenschirm vorgeschrieben.

Im November 1860 wurde ein deutlich niedrigerer Tschako ausgegeben, der ganz aus Leder gemacht war. An den Seiten war er durch zwei V-förmige Stege verstärkt. Die Kokarde bestand aus Metall, der ausgestanzte Adler wurde kleiner. Für den Augenblick war vom Käppi nicht mehr die Rede.

Auf das Modell 1860 folgte 1867 endlich ein viel bequemeres. Es bestand aus einem grauen Filzstumpen, der mit krapprotem Tuch bezogen war, und war leicht. Der Tschako wurde wasserdicht gemacht, indem er mit einer dicken Schicht Lackgummi überzogen wurde. Das Adler-Schild war durch eine Trikolore-Kokarde aus Blech ersetzt worden, die mit einem Knopf und einer jonquillengelben Öse befestigt war.

Der Pompon bestand aus einer Kugel und einem Busch, doch der vorgebliche Busch war lediglich eine etwas größere Kugel. An der unteren Kugel war das Bataillon zu erkennen: das 1. hatte die Farbe Blau, das 2. Krapprot und das 3. Jonquillengelb. Die obere Kugel war bei den Grenadieren rot, bei den Voltigeuren jonquillengelb und bei den Füsilieren der Zentrumskompanien grün.

Im Januar 1868 wurden die Elite-Kompanien abgeschafft und der scharlachrote obere Pompon nun von allen getragen. Die Kompanie-Nummer war nunmehr bei allen auf dem unteren Pompon angegeben, während bisher nur die Füsiliere diese Nummern getragen hatten.

Im Jahre 1870 wurden nach zehn Jahren wieder vierte Bataillone aufgestellt; ihr unterer Pompon erhielt die grüne Farbe.

So groß war die Hartnäckigkeit der Behörden, daß sie den Tschako für den bevorstehenden Feldzug vorschrieben. Diesem Befehl wurde allerdings nicht Folge geleistet, so daß das wiedereingeführte Käppi im Kampf als Kopfbedeckung diente.

FRANKREICH
KAISERGARDE
DETAILS DER AUSRÜSTUNG

1. Patronentasche der Grenadiere. – 2. Patronentasche der Voltigeure. – 3. Patronentasche der Kürassiere. – 4. Patronentasche der Dragoner, Lanciers und reitenden Jäger. – 5. Patronentaschenplatte der Guiden und des Fuhrwesens. – 6. Patronentasche der Artillerie. – 7. Säbeltaschenplatte der Artillerie. – 8. Säbeltaschenplatte der Guiden und der reitenden Jäger. – 9. Tschapkaschild der Lanciers. – 10. Schild der Grenadiermütze. – 11. Tschakoschild der Voltigeure. – 12. Koppelschloß der Grenadiere. – 13. Koppelschloß der Voltigeure. – 14. Koppelschloß der Jäger zu Fuß und der Zuaven. – 15. Ornamente auf dem Patronentaschen-Bandelier der Kürassiere, Dragoner, Lanciers und reitenden Jäger. – 16. Ornamente auf dem Patronentaschen-Bandelier der Guiden. – 17. Koppelschloß der Lanciers. – 18. Koppelschnalle der reitenden Jäger, Guiden und Artillerie. – 19. Koppelschloß der Kürassiere und Dragoner. – 20. Epauletten der Grenadiere: a. einfacher Soldat; b. Unteroffizier; c. Tambour-Major (im Unteroffiziersrang). Kontreepauletten: d. Musikkorps-Chef; e. Musiker. – 21. Pompon der Grenadiere zur Kleinen Uniform: a 1. Regiment; b. 2. Regiment; c. 3. Regiment; d, e, f. außerordentliche Kompanien (hors rang) des 1., 2. und 3. Regiments. Zur Ausgehuniform wurden diese Pompons auf dem Zweispitz getragen. – 22. Sappeur-Kennzeichen der Grenadiere. – 23. Litzen der Grenadiere: a. Gefreiter; b. Unteroffizier; c. Furier; d. Feldwebel. – 24. Epauletten der Voltigeure: a. einfacher Soldat; b. Unteroffizier; c. Tambour-Major (im Unteroffiziersrang). Kontre-Epauletten: d. Chef des Musikkorps; e. Musiker. – 25. Pompons der Voltigeure, Kleine Uniform: a. 1. Regiment; b. 2. Regiment; c. 3. Regiment; d. 4 Regiment; e, f, g, h. außerordentliche Kompanien (hors rang) des 1., 2., 3. und 4. Regiments. – 26. Sappeur-Kennzeichen der Voltigeure. – 27. Litzen der Voltigeure: a. Gefreiter; b. Unteroffizier; c. Furier.

Die Abbildungen 1–8 und 12–16 sind im gleichen Maßstab gezeichnet. Es ist noch anzumerken, daß die Patronentaschen der Garde-Infanterie 210 mm lang und 110 mm hoch waren.

1. Stadt im Piemont am Tanaro, einem Nebenfluß des Po.

10
1
11
12
13
20
a
b
2
24
a
b
c
c
d
e
14
d
e
21
a
b
c
17
3
d
e
f
25
a
b
c
d
18
15
e
f
g
h
22
4
19
26
5
23
a
b
27
a
b
16
c
6
c
d
7
8
9
L. & F. FUNCKEN

Im Jahre 1872 war der Tschako mit dunkelblauem Tuch bezogen, die Borte am oberen Rand und die seitlichen Schnüre waren jonquillengelb. Das Schild war in Form einer Granate geschnitten und geprägt.

Das steife Käppi von 1886, das mit starkem Leinen unterlegt war, trat endgültig an die Stelle des Tschako. Es wurde in der Folge »Pompon-Käppi« genannt. Es besaß nur noch einen einzigen, kugelförmigen Pompon in der Bataillonsfarbe, der nur zur Großen Uniform mit einer bemalten Metall-Kokarde und einer kupfernen Granate getragen wurde.

Der Waffenrock (Tunika)

Im Januar 1855 wurde ein neuer Waffenrock eingeführt. Er hatte den gleichen Schnitt wie der vorherige, nur war er weniger lang und vor allem der jonquillengelbe, blau vorgestoßene Kragen des Rockes hatte keinen bogenförmigen Ausschnitt, sondern wurde gerade geschlossen und war bei den Elite-Kompanien der Grenadiere und der Voltigeure mit der Granate oder dem Horn in Krapprot geschmückt.

1860 wurde ein neuer, kurzer Rock eingeführt, der »Tunika-Rock« hieß. Er behielt den jonquillengelben Kragen, doch bekam er, für alle Bataillone gleichermaßen, Aufschlagspatten in der gleichen Farbe und dunkelblaue Ärmelaufschläge.

Der übertrieben kurze Rockteil war an den Seiten und am unteren Rücken geschlitzt und jonquillengelb gepaspelt.

Eine sehr weite, bauschige Hose vervollständigte diese Uniform, die ganz stark von der Kleidermode in dieser Zeit des Zweiten Kaiserreiches beeinflußt war. Die Hose wurde unten in sehr unbequeme Wadenstrümpfe aus fahlfarbenem Schafleder gesteckt, die den Unterschenkel umschlossen und die Wadenform nachzeichneten. Dieses Korsett endete über dem Knöchel, darüber saß die weiße Leinengamasche.

Nach dieser Hose »mit vier Falten« (an der Taille), die man für zu eng hielt, kam 1861 ein enormes, noch viel bauschigeres Modell mit Namen »24-Falten-Hose«, die an den Wadenstrumpf geknöpft wurde und bis auf 30 cm vom Boden herabwallte.

Der Tunika-Rock war unbequem und unvorteilhaft wegen des Verschlusses mit neun Knöpfen auf der Mitte der Brust, denn der Soldat konnte ihn nicht öffnen, um sich Luft zu verschaffen, ohne gleich halb entkleidet dazustehen. Deshalb wurde er im Dezember 1867 durch einen neuen Waffenrock ersetzt.

Dieses neue Kleidungsstück, das dem Rock der Marine-Infanterie nachgebildet war, wurde auf der Brust mit zwei übereinandergeschlagenen Rabatten zweireihig mit je sieben großen Knöpfen geschlossen. Die Knopfreihen standen oben 120 mm und unten 100 mm auseinander.

Die klassischen Attribute der Elite-Kompanien scheinen niemals getragen worden zu sein, da jene Ende Januar 1868 abgeschafft wurden. Die Epauletten wurden zur gleichen Zeit bei allen scharlachrot. Eine andere

FRANKREICH LINIEN-INFANTERIE VON 1848 BIS 1856

1848:
1. Grenadier. Von der Tschakoplatte (1a) wurde beim Sturz Louis Philippes einfach die Krone abgebrochen, doch die Uniform und die jeweiligen Kennzeichen der Grenadier-, Voltigeur- und Füsilier-Kompanien blieben gleich. (Siehe Band 1 dieses Werks, S. 51, Abb. 11, 12 und 13.) – 2. Tambour-Major. – 3. Sappeur. – 4. Trommler der Voltigeure.
5. Tschako des Modells 1852. – 6. Tschako, Modell 1856. Eine Zwischenform, die 1855 aufkam, glich dem Tschako von 1852, hatte aber Kinnriemen aus Kupfer. Darüber, der Pompon im Profil. – 7. 1845 eingeführtes Koppel. Es wurde 1848 geschwärzt und ab 1858 aus schwarzem Leder hergestellt.

1856:
8. Grenadier. – 9. Voltigeur. – 10. Füsilier einer Zentrumskompanie. Vor 1856 war die obere Borte des Tschakos bei allen rot. – 11. Clairon-Bläser der Voltigeure im Capotemantel und mit Tschakoüberzug. – 12. Felduniform mit dem Käppi mit Augenschirm in Form eines »Entenschnabels«, Modell 1852 (s. folgende Bildtafel, Abb. 14). Schon 1854 wird der Augenschirm rechteckiger.

FRANKREICH LINIEN-INFANTERIE VON 1860 BIS 1868 (Seite 39)

1860:
1. Grenadier in Felduniform mit dem neuen Tunika-Rock und dem neuen Tschako (siehe Abb. 6). Rechts Details der hinteren Schöße und der Taschen nach »Soubise«-Art mit dem Kennzeichen der Füsiliere. Die bauschige »24-Falten«-Hose, die wir hier zeigen, wurde 1861 eingeführt. Sie ersetzte das Modell von 1860, die sogenannte »4-Falten«-Hose, die recht häßlich, kürzer und weniger weit gewesen

37
1a
1
2
3
4
5
6
7
8
9
10
11
12
L. & F. FUNCKEN

wichtige Neuerung waren die runden Ärmelaufschläge, die nur noch mit einem einfachen, jonquillengelben Vorstoß geschmückt waren.

Nach der schlimmen Prüfung von 1870 wurde zwar der gleiche Waffenrock beibehalten, doch mit Vorstößen aus dem dunkelblauen Tuch der Grundfarbe. Der jonquillengelbe Kragen erhielt zwei dunkelblaue Spiegel mit drei Spitzen, auf den Spiegeln stand die Regimentsnummer in jonquiellengelbem Tuch.

Die gerade herabfallende, krapprote Hose entsprach dem 1867 eingeführten Modell, das die bauschige Hose abgelöst hatte.

Das vorletzte Modell des Waffenrocks, das wir hier vorstellen wollen, ist das vom März 1879 mit jonquillegelbem Kragen, blauem Spiegel und runden, in der Grundfarbe vorgestoßenen Ärmelaufschlägen.

Und schließlich gibt es im April 1899 einen weiten Waffenrock, der dem der Offiziere ähnelt, mit scharlachrotem Kragen, dunkelblauen Spiegeln und scharlachroten Patten auf den Ärmelaufschlägen. Er kam im Dezember 1894 schon bei einigen Regimentern zur Erprobung vor.

Der Capotemantel

Aus dem beigefarbenen Capotemantel war im November 1822 ein bläulich-eisengrauer geworden. An den unteren Ecken der Vorderteile saßen zwei Knopflöcher, so daß sich die Ecken hochschlagen und an den Knöpfen auf dem Rücken befestigen ließen.

Der Capotemantel von 1845, der dem vorherigen ähnlich war, besaß eine Koppelschlaufe – in der Art der Schulterklappe –, die auf der linken Seite in der Taille aufgenäht war; wie der Name sagt, diente sie dazu, das Koppel zu halten, das auf dieser Seite durch den Bajonett-Säbel-Halter schwer herunterhing.

Im Januar 1855 wurde der Mantel nur noch mit fünf Knöpfen in jeder Reihe statt sechs geschlossen. Der Abstand zwischen den Knopfreihen wurde auf 160 mm oben und 100 mm in der Körpermitte verringert. Der Mantel war weit geschnitten, so daß er über der Jacke und dem Waffenrock getragen werden konnte. Der alte, gerade Kragen wurde durch einen Umschlagekragen ersetzt; der Kragen ließ sich nun hochschlagen, so daß Nacken und Ohren vor der Kälte geschützt werden konnten: Der Krimkrieg hatte seine Wirkung getan.

Aber diese gelungene Neuerung sollte den stets auf Änderungen bedachten Reformern nicht lange widerstehen. Der Capotemantel von 1858 verlor seinen breiten Umschlagekragen und bekam einen Stehkragen mit krapproten Spiegeln mit drei Spitzen, auch wurde er wieder mit zwei Reihen zu je sechs schräg angeordneten Knöpfen geschlossen: Der Abstand betrug oben 220 mm, in der Mitte der Brust 200 mm und am Gürtel 110 mm. Mit diesem Mantel waren die Truppen des kurzen, siegreichen Italien-Feldzuges ausgerüstet.

Der Capotemantel von 1860 beherrschte die Szene nur kurze Zeit, mit

war. – 2. Ober-Leutnant. Beim Leutnant (sous-lieutenant) waren die Epauletten umgekehrt angeordnet. – 3. Trommler einer Zentrumskompanie, wie die Epauletten zeigen. Links, Detail der Dienstlitze der Clairon-Bläser und Trommler. – 4. Gefreiter der Voltigeure in Sommer-Felduniform, mit überzogenem Käppi. – 5. Gefreiter der Grenadiere in Winter-Felduniform, mit dem Capotemantel mit Kapuzenumhang, »Krimmantel« genannt. Er wurde, obgleich nicht vorschriftsmäßig, während des Krimkrieges getragen. – 6. Tschako, Modell 1860, mit dem Pompon für Kleine Uniform (hier der Füsiliere). – 7. Federbüsche zur Großen Uniform des Tschakos 1860: a. Stab; b. Füsiliere; c. Voltigeure; d. Grenadiere; e. außerordentliche Kompanien. Zur Kleinen Uniform gab es einen eiförmigen Pompon in gleicher Farbe.

1867:
8. Tschako, Modell 1867, hier der Grenadiere, 3. Bataillon. – 9. Tschakopompons 1867: a. Grenadiere, 1. Bataillon; b. desgl., 2. Bataillon; c. desgl., 3. Bataillon; d. Voltigeure, 1. Bataillon; e. desgl., 2. Bataillon; f. desgl., 3. Bataillon; g. Füsiliere, 1. Bataillon; h. desgl., 2. Bataillon; i. desgl., 3. Bataillon; j. außerordentliche Kompanien. – 10. Zentrumskompanie, Große Uniform. Bei dem Gewehr handelt es sich jetzt um das berühmte Chassepotgewehr mit Zylinderverschluß und Nadelzündung. Mit ihm kam auch eine neue Patronentasche, die rechts getragen wurde. Daneben, Detail des Waffenrock-Schoßteils Modell 1867 mit den »Soubisen«. – 11. Grenadier. Es ist sehr wahrscheinlich, daß der Kragen des im Dezember 1867 herausgekommenen neuen Waffenrocks niemals die Kennzeichen der Elite-Kompanien trug, denn diese wurden Ende Januar 1868 abgeschafft. – 12. Voltigeur. – 13. Grenadier, 1868. In diesem Jahr verschwinden die Elite-Kompanien (Grenadiere und Voltigeure) und deren besondere Abzeichen. Die »Flamme« oder der obere Pompon wird einheitlich scharlachrot bei allen Kompanien.
14. Käppi 1852, mit Augenschirm »in Entenschnabelform«. – 15. Käppi 1858, mit fast rechtwinkligem Augenschirm. – 16. Käppi 1867, niedrigeres Modell. Die Nummer war zunächst für kurze Zeit jonquillengelb. – 17. Lagermütze 1860, hier der Füsiliere. Granate oder Horn zeigten Grenadiere oder Voltigeure an. – 18. Lagermütze mit herabgeschlagener Krempe für schlechtes Wetter.

L.&F. FUNCKEN

dem Modell 1868 kamen die beiden Knopfreihen zu sechs Knöpfen wieder auf, die oben 160 mm und unten 140 mm Abstand hatten, desgleichen die Epaulettenriegel, die bei allen Bataillonen rot waren. Der Mantel hatte einen abgerundeten Kragen.

Während des ganzen Krieges 1870 wurden Capotemäntel getragen, die in aller Hast aus grauem, und sogar fast dunkelblauem, Tuch genäht waren.

Im Oktober 1871 bekam der Kragen krapprote Patten, auf denen die Nummer im Stoff der Grundfarbe stand.

Der Stehkragen wurde 1872 noch kleiner und gleichzeitig weiter ausgeschnitten. Der Mantel war weit genug, um über Jacke und Waffenrock getragen zu werden. Die Ärmelaufschläge wurden nun mit einem Knopf geschlossen statt mit zweien 1867. Der kleine Schlitz von 170 mm unten im Mantelrücken wurde abgeschafft.

Anzumerken wäre noch, daß der zweireihige Mantel und der Waffenrock seit langem abwechselnd zugeknöpft wurden, und zwar nach links vom 1. bis 15. und nach rechts vom 16. bis zum Ende eines jeden Monats.

Das letzte Modell, das mit dem vorigen praktisch identisch ist, sollte 1897 in Gebrauch genommen werden.

Die Gebirgsjäger und die afrikanischen Truppen, mit Ausnahme der Legion und der Bataillone Leichter Infanterie, trugen nicht den Capotemantel, sondern den Kapuzenumhang aus blaugrauem Tuch, der bis über das Knie reichte.

Die afrikanischen Truppen

Zuaven

Unsere Abbildungen ermöglichen es, auf lange Erklärungen zu verzichten, so daß wir uns darauf beschränken, wenig sichtbare oder verborgene Einzelheiten zu beschreiben, zum Beispiel wie die arabische Hose unter dem Knie mit einem schwarzen Seidenband in einer Schnürrinne zugebunden wird. Der Kapuzenmantel wurde vorn mit vier doppelten Patten aus Tuch in der Grundfarbe geschlossen. Die Patten hatten krapprote Vorstöße.

Die Regimenter unterschieden sich lediglich durch die Farbe der falschen Taschen auf der Jacke: Krapprot beim 1. Regiment, Weiß beim 2. und Jonquillengelb beim 3. Ein 4. Regiment, das 1870 aufgestellt wurde, erhielt dunkelblaue falsche Taschen. Wenig vorher war der grüne Turban gegen einen weißen getauscht worden, und 1873 verschwanden die lästigen Wadenstrümpfe aus fahlem Schaffell, statt derer nun Gamaschen aus blauem oder weißem Tuch getragen wurden.

FRANKREICH
LINIEN-INFANTERIE VON
1870 BIS 1900

1. Soldat in Felduniform, 1870. Die Bezeichnungen Grenadier, Voltigeur oder Füsilier sind zugleich mit den Elite-Kompanien abgeschafft worden, deren Grenadiere und Voltigeure alle zu Soldaten erster Klasse werden, mit Litzen auf den Ärmeln, zunächst jonquillengelb von 1860–1867, dann scharlachrot ab 1868. – 2. Tschako eines Bataillons-Kommandeurs, Modell 1872. Alle höheren Offiziere trugen diesen Federbusch. – 3. Tschako, Modell 1874, hier des 1. Bataillons. Mit der Nummer wird die Kompanie (von 1 bis 6) bezeichnet. Der Tschako verschwindet 1883 bei den Offizieren und Unteroffizieren und ein Jahr später bei der Truppe. – 4. Käppi, Modell 1886, genannt »Pompon-Käppi« (1. Bataillon). Zur Kleinen Uniform wurde es ohne jede Verzierung getragen. Aus der Farbe des einzigen Pompons ließ sich das Bataillon ablesen. – 5. Tschako eines Subaltern-Offiziers. – 6. Pompon-Käppi mit dem Litzenbesatz und dem Federbusch für Oberste. Die höheren Offiziere hatten zwei Litzen und den dreifarbigen Federbusch, während die Subaltern-Offiziere nur eine Litze und den sog. Pompon »mit Flamme« der Truppe führten, jedoch ohne Kompanie-Nummer (s. Abb. 5). Hinter dem Käppi ist die dreifache Husaren-Schleife der Obersten dargestellt, die den Käppiboden schmückte. – 7. Tambour-Major, 1885. – 8. Unteroffizier in Felduniform mit dem Waffenrock, 1870. – 9. Ober-Leutnant in Großer Dienstuniform, 1893–1910. – 10. Offizier in Großer Uniform, 1883–1893, mit dem Dolman anstelle des Waffenrocks. Das Reglement schrieb ihn in Dunkelblau vor und nicht in Schwarz, wie das meist der Fall war. Im Jahre 1886 wird das Käppi der Abb. 7 getragen. Rechts die schematische Darstellung der Rückansicht. Bei der Kleinen Uniform waren die kleeblattförmigen Schulterschnüre schwarz. – 11. Sappeur, 1875. Sein oberer, zweifarbiger Pompon zeigt an, daß er zum kleinen Stab gehört. Abgesehen von seinem Bart und seinen Abzeichen, hatte der Sappeur seit 1871 die typischsten Elemente seiner bekannten Erscheinung verloren: Axt, Handschuhe, Schürze und Pelzmütze. – 12. Soldat erster Klasse in Großer Dienstuniform, 1884. – 13. Trommler in Felduniform, 1887. – 14. Feldwebel mit Waffenrock 1899, allgemeines Modell. Rechts Detail der Rückansicht.

7
8
9
10
11
13
12
2
1
3
14
6
5
4
L. & F. Funcken

Tirailleurs algériens

Die Bataillone unterschieden sich wie bei den Zuaven durch die Farbe der falschen Tasche:

Bataillon d'Alger und de Constantine: Krapprot. Bataillon a: Grün. Bataillon d'Oran, Mostaganem und Mascara: Weiß. Bataillon a: Dunkelblau. Bataillon de Constantine und de Bône: Jonquillengelb. Bataillon a: Rot.

Als Regimenter errichtet wurden, erhielten die Tirailleurs entsprechend die Abzeichenfarben Krapprot, Weiß und Jonquillengelb.

Das zu dieser Einheit gehörige Musikkorps war nicht wie üblich zusammengesetzt. Außer der vorschriftsmäßigen Fanfare bestand es aus einer »Nuba« oder arabischen Musikeinheit mit der kleinen und der großen Trommel der Eingeborenen, dem Tamburin, dem Triangel, manchmal auch Becken und mehreren kabylischen Flöten.

Fremden-Legion

Nachdem die Legion in Frankreich gekämpft hatte, kehrte sie nach Afrika zurück und wurde fast sofort zu Operationen gegen die arabischen Rebellen eingesetzt, besonders ab 1875 und ohne wirkliche Pause vor dem Beginn des 20. Jahrhunderts.

Die »Eroberung der Kolonien« geschah auch mit Hilfe der Legionäre; eine Reihe ihrer Bataillone brach den Widerstand gegen die Kolonisierung des Tonkin, Madagaskars, Thailands usw.

Zwar wurden die Uniformen getragen, die auch die Kameraden in der Heimat besaßen und die dem Klima kaum angepaßt wurden, doch die Kopfbedeckungen übernahm man von den Bewohnern der fernen Länder.

Das Käppi wurde während der warmen Jahreszeit mit einem leichten, weißen Leinenüberzug mit Nackenschutz getragen, »mocle« genannt. Manchmal war der Nackenschutz nur mit Bändern befestigt und abnehmbar. Der Überzug scheint zum erstenmal 1854 in Algerien benutzt worden zu sein. Ab 1880 blieb der Nackenschutz übrigens fast immer hinter dem Käppi aufgerollt.

Der Capotemantel war der gleiche wie bei den anderen Einheiten, war aus dem gleichen graublauen Tuch gearbeitet und wurde mit hochgeschlagenen Vorderschößen getragen.

Als einzige Zugeständnisse an das tropische Klima durfte der Mantel bis zum dritten Knopf beidseitig offen bleiben und die Ärmelaufschläge während der Märsche hochgekrempelt werden.

Im Jahre 1882 wurde der breite Gürtel aus blauer Wolle, der noch heute üblich ist, bei der Legion eingeführt. Laut Georges d'Esparbès hatte sie ihn wiederholt verlangt, da er seit langem von den anderen Afrika-Truppen getragen wurde.

FRANKREICH
LEICHTE INFANTERIE
UND JÄGER ZU FUSS

Leichte Infanterie, 1845–1854:
1. Gefreiter der Jäger mit dem Ausrichtfähnchen des 1. Bataillons. Bei den Linien-Truppen war dieses Fähnchen rot. – 2. Carabinier mit dem Ausrichtfähnchen des 2. Bataillons, das auch die Linien-Truppe hatte. – 3. Voltigeur in Großer Dienstuniform. – 4. Offizier der Voltigeure. – 5. Trommler der Voltigeure. – 6. Detail der Rückansicht des Waffenrocks. Links, einfacher Soldat. Rechts, Offizier. – 7. Clairon-Bläser der Carabiniers in Winterdienstuniform. – 8. Carabinier in Felduniform. – 9. Offizier im Kapuzenmantel.
Die Leichte Infanterie wurde 1854 völlig aufgelöst und in die Linien-Infanterie übernommen, wo ihre 25 Regimenter die Nummern 76–100 bekamen.

Jäger zu Fuß:
10. Jäger in Dienstuniform, 1850. – 11. Clairon-Bläser in Großer Uniform, 1850. – 12. Jäger in Großer Uniform, 1861. – 13. Jäger in Dienstuniform, 1868. – 14. Große Dienstuniform, 1872–1886. Der Federbusch wird nur kurze Zeit getragen und 1876 werden die Kragenspiegel dunkelblau mit jonquillengelber Nummer. – 15. Große Dienstuniform für den Sommer, 1900. Das Ausrichtfähnchen gehört zum 4. Bataillon.
Gebirgsjäger (1888 wurden die ersten Bataillone aufgestellt):
16. Jäger in Gebirgsuniform. – 17. Jäger in Sommeruniform. – 18. Offizier in Felduniform.
Wir erinnern daran, daß die Fähnchen, die mehrere Figurinen tragen, ein »taktisches Instrument« waren, das dazu benutzt wurde, um während der Manöver die Bataillone auszurichten und ihren Platz bei Paraden und Aufmärschen anzuweisen. Seit 1872 waren es die gleichen wie bei der Linien-Infanterie, d. h. blau-weiß schräg geteilt beim 1. Bataillon; blau-weiß-rot beim 2.; gelb und weiß beim 3.; grün-weiß beim 4.

1
2
3
4
5
6
7
8
9
10
11
12
13
14
15
16
17
18

Die krapprote Hose wurde seit 1879 während der warmen Jahreszeit[1] durch eine Hose aus weißem Drillich ersetzt. Steckten die Hosenbeine zunächst noch in weißen Leinengamaschen, wurden sie ab 1881 endlich unten umgeschlagen.

Die besondere Einstellung der Legionäre zeigte sich bei manchen Gelegenheiten. In unseren Abbildungen zeigen wir einige charakteristische oder seltsame Ausrüstungsstücke, die sich diese phantasievollen Soldaten ausgedacht haben.

Leichte Afrikanische Infanterie

Da wir diese Einheit bisher nur mit einer Abbildung auf Seite 77 des ersten Bandes erwähnt haben, möchten wir kurz die Etappen ihrer Entstehung nachzeichnen.

Die Leichte Afrikanische Infanterie geht zurück auf einen königlichen Erlaß vom 3. Juni 1832, der die Errichtung von zwei Bataillonen zu acht Kompanien vorsah. Im Juni 1833 kam ein weiteres Bataillon hinzu, und im August 1834 wurde die Zahl der Kompanien pro Bataillon auf zehn erhöht.

Im Jahre 1836 bekamen sie offiziell den Titel »Jäger«. 1855 schrumpfte die Zahl der Kompanien pro Bataillon auf sieben, 1861 auf fünf und stieg im Juli 1871 wieder auf sechs.

Im Jahre 1889 wurde die Einheit auf sechs Bataillone vergrößert.

Die Uniform von 1845 bestand aus einem Waffenrock der Leichten Infanterie und einem Capotemantel für die Feldzüge mit jonquillengelbem Stehkragen und königsblauen Spiegeln. Auf dem Tschakoschild stand die Bataillonsnummer und die rundum geführte Aufschrift »Infanterie d'Afrique« (Afrikanische Infanterie).

1856 wurde der Tschako der Linien-Infanterie eingeführt, mit dem gekrönten Adler auf dem Schild und jonquillengelben Behängen, Pompon und Borte. Dazu wurden grüne Epauletten mit rotem Halbmond getragen.

Das Regiment, das noch immer den Vorbildern im Mutterland folgte, führte 1860 einen dunkelblauen Spiegel mit drei Spitzen auf einem jonquillengelben Stehkragen ein. Die Epauletten bekamen grüne Halbmonde und Fransen sowie ein rotes Feld. Das Tschakoschild erhielt einen Stern über der Granate. Auf den Zinnknöpfen waren ein Jagdhorn und ein Stern eingeprägt.

Im Jahre 1868 wurden Pompon und Epauletten einheitlich grün, nur die Halbmonde der Epauletten waren scharlachrot.

Mit der Umbildung, die auf den Krieg von 1870 folgte, bekam der Waffenrock einen dunkelblauen Stehkragen mit gleichfarbigen Patten, die in Jonquillengelb die Nummer trugen. Die nunmehr krapproten Epauletten hatten grüne Fransen und Halbmonde.

FRANKREICH
ZUAVEN, 1853–1900

Kleidung des Zuaven:
1. Da das Abzeichensystem zu wenig sichtbar war (s. Abb. 3), einigten sich die Zuaven darauf, die Scheschia auf besondere Art zu tragen: a. 1. Regiment; b. 2. Regiment; c. 3. Regiment; d. während des Feldzugs. Im letzten Falle wurde die Scheschia mit der Schesche umwickelt, einem 3 m langen Turbantuch, das zunächst rot, später allgemein grün (nach 1852) und schließlich weiß (kurz vor 1870) war. Nach der gegen Deutschland erlittenen Niederlage verschwand die Schesche für immer, obgleich sie sich gegen die schreckliche afrikanische Sonne oder gegen Sandstürme als sehr nützlich erwiesen hatte (s. Abb. 9). – 2. Weste, »Sedria« genannt. – 3. Jacke, mit den falschen Taschen in der Abzeichenfarbe. Das 1. Regiment hatte Krapprot, das 2. Weiß (s. Abb. 10) und das 3. Jonquillengelb (s. Abb. 8). Das 1870 aufgestellte 4. Regiment hatte die Grundfarbe der Uniform auch als Abzeichenfarbe (unser Bild). – 4. Die von unten geschlitzten Ärmel wurden zunächst mit Haken geschlossen, später mit »Schellen«-Knöpfen; bei der Jacke der Kleinen Uniform war dieser Schlitz einfach zugenäht. – 5. Hose, »Seruel« genannt. Durch den Schlitz im Hosenboden, das sogenannte »Lamoricière-Loch«, konnte das Wasser ablaufen, wenn man kleine Flüsse durchquert hatte. – 6. Kragenumhang mit Kapuze. Die Tirailleurs algériens trugen den gleichen. – 7. 1874 eingeführte Gamaschen (18–22 Knöpfe): a. zur Großen Uniform und für den Sommer; b. für Frühjahr, Herbst und Winter; c. nicht vorschriftsmäßige Spielart, mit Abzeichenpaspel.
8. Clairon-Bläser des 3. Regiments, 1850. Bis auf die Bläserlitze auf den Ärmelaufschlägen war die Truppe genauso gekleidet. – 9. Zuave mit vors Gesicht gebundener Schesche als Sandschutz, 1850. – 10. Zuave, 1870. – 11. Gefreiter, 1900. – 12. Offizier, Große Uniform, 1870. – 13. Offizier, 1885. Er trägt den Dolman der Großen Uniform von 1883, der nach der Vorschrift anfangs dunkelblau war. – 14. Offizier, 1900. Rechts Details der Rückansicht und der Ärmel.

1. Außer bei der Paradeuniform der Dienst- oder Ausgehuniform.

1
a
b
c
d
2
3
4
5
6
7
a
b
c
8
9
10
11
12
13
14
L.&F. FUNKEN

Die Eingeborenen-Truppen

Senegalesische Tirailleurs

Das erste senegalesische Bataillon wurde im Juli 1857 ausgehoben, die Zahl seiner Kompanien nach und nach von vier auf sechs, dann auf acht, zehn und zwölf erhöht, die im August 1890 auf drei Bataillone verteilt wurden.

Jede Kompanie bestand aus einem Hauptmann, zwei europäischen Ober- oder Leutnants und einem eingeborenen Leutnant, neun Unteroffizieren, von denen drei Einheimische waren, elf Gefreiten, davon fünf Eingeborene, und 120 Schützen. Von den vier Clairon-Bläsern war nur einer Schwarzer.

Die erste Uniform war »nach türkischer Art« geschneidert, mit Jacke und Weste nach Zuavenart, dunkelblau mit gelbem Besatz. Eine dunkelblaue, gebauschte Hose und eine weitere aus weißem Leinen vervollständigten die Garderobe, zu der Scheschia und Turban aus weißem Leinen getragen wurden.

Im Jahre 1889 besaßen die weißen Offiziere immer noch die Uniform der Marine-Infanterie, doch die eingeborenen Offiziere trugen einen himmelblauen Anzug nach türkischer Art, der dem der Tirailleurs algériens ganz ähnlich war. Auf dem Marsch wurde die Uniform ohne ihren reichen Schmuck getragen, und man setzte dazu den weißen Kolonialhelm auf. Anstelle der bauschigen Kniehose wurde eine gerade, weiße, lange Hose angezogen.

Die Tirailleurs trugen den »Paletot« aus königsblauem Molton mit gelber Borte und den Initialen T. S. auf dem Kragen. Die passende Hose hatte einen gelben Streifen. Für die Kleine Uniform waren diese Kleidungsstücke aus Katechutuch genäht; auch weißes Leinen fand Verwendung. Schließlich gab es einen Mantel mit Kapuze, wie ihn die Zuaven trugen, aus dunkelblauem Katechustoff.

Wir weisen kurz darauf hin, daß es von 1887 bis 1891 auch die Kompanie »Tirailleurs aus Gabun« gab. Sie trug die gleiche Uniform wie die Senegalesen.

Ebenso verhielt es sich mit dem Haussa-Schützen-Bataillon, das 1891 aufgestellt wurde, und das die französischen Einrichtungen in Benin bewachen sollte. Es wurde um 1900 aufgelöst.

Seine Scheschia war mit einem kupfernen Stern geschmückt und der tressenbesetzte, königsblaue Paletot mit gelben Kleeblättern auf den Schultern war mit vier Schnurreihen in gleicher Farbe besetzt.

Madagassische Tirailleurs

Diese Einheit bestand ursprünglich aus einer Kompanie Sakalaven-Schützen, die im Januar 1885 gegründet worden war (Sakalaven sind ein Volk an der Westküste Madagaskars). Diese Eingeborenen, die auch »Tirail-

FRANKREICH
LEICHTE AFRIKANISCHE INFANTERIE
TIRAILLEURS

Leichte Afrikanische Infanterie:
1. 1855. – 2. 1868. – 3. 1900.
Senegalesische Tirailleurs:
4. Offizier, Felduniform, 1890. – 5. Offizier, Große Uniform, 1900. Die Hose hat eine scharlachrote Borte. – 6. Tirailleur, 1890. – 7. Tirailleur, 1900.

Tirailleurs algériens:
8. Offizier, 1887. – 9. Offizier, 1859. – 10. 1. Regiment, 1859. Die Abzeichenfarbe war Weiß beim 2. Regiment und Jonquillengelb beim 3. Das 4. Regiment, das 1884 aufgestellt wurde, erhielt die Abzeichenfarbe Himmelblau, die auch Grundfarbe der Uniform war. – 11. 1. Regiment, 1889. Wie die Zuaven liebten auch die Tirailleurs umfangreiches Gepäck. Man sieht, von oben nach unten: Eigenes Kochgeschirr, Zeltleinwand, Kragenumhang mit Kapuze und Tuchhose, die auf der hufeisenförmig um den Tornister gelegten Decke festgemacht sind.

1
2
3
4
5
6
7
8
9
10
11
L. 87 Funcken

leurs von Diego Suarez« genannt wurden, bildeten 1892 eine Halbkompanie und 1893 ein Bataillon mit vier Kompanien.

Die erste Uniform bestand aus einer Joppe aus blauem Tuch mit rotem Stehkragen und roter Paspel, dazu wurde eine rote Mütze und eine weiße lange Hose getragen. Danach bekam die Einheit eine dunkelblaue Joppe mit Kragen, Ärmelaufschlägen und Schulterklappen in Rot, blaues Barett mit rotem Band und blaue Hosen (im Sommer weiße Hosen).

Der Kragen besaß eine Zeitlang einen rautenförmigen blauen Spiegel, der den Buchstaben S aus rotem Tuch trug.

Diese Tirailleurs-Kompanie wurde aufgelöst, als das Regiment madagassischer Tirailleurs mit drei Bataillonen zu je vier Kompanien aufgestellt wurde. Im Jahre 1895 wurden die Sakalaven in dieses Regiment eingegliedert.

Die Uniform bestand aus einem Paletot, wie ihn die Senegalesen hatten, jedoch mit rotem Besatz, dazu eine rote Scheschia mit dunkelblauer Quaste und eine blaue Kniehose nach türkischer Art oder eine entsprechende weiße Leinenhose. An den Füßen wurden lediglich Sandalen mit Leinenstrümpfen getragen.

Annamitische Tirailleurs

Das Regiment, das zunächst aus zwei, dann aus drei Bataillonen bestand, trat Anfang 1885 zum ersten Mal in Erscheinung.

Jede Kompanie umfaßte zehn französische Offiziere und Unteroffiziere, einen eingeborenen Leutnant und einige eingeborene Unteroffiziere sowie 200 bis 250 Schützen.

Die französischen Kader trugen die übliche Uniform der Marine-Infanterie, während die Tirailleurs den traditionellen annamitischen Hut trugen, »Salakko« genannt, sowie Paletot und weite Hose aus schwarzem Stoff mit rotem Gürtel und rotem Binder.

Die Ausrüstung war die gleiche wie bei der Marine-Infanterie, jedoch führten sie den Karabiner des Modells 1874 der Gendarmerie.

Im Jahre 1887 gab man der Truppe eine dunkelblaue Uniform, die aus dem »Keo« oder Jacke und der weiten Hose bestand.

Der Salakko wurde vorschriftsmäßig mit zwei Bändern gehalten; er saß auf einem schwarzen Turban.

Chasseurs d'Afrique

In Algerien hatten die Ereignisse der 1848er Revolution die Fortführung der militärischen Kolonisierung keineswegs beeinträchtigt, doch der Staatsstreich vom 2. Dezember 1851 hatte erhebliche Auswirkungen.

Fast 10000 Oppositionelle wurden nach Algerien deportiert und mehr als 26000 Personen, die »gefährlicher Gesinnung« verdächtigt wurden, kamen in den Kerker. Unter den verhafteten Repräsentanten befanden

FRANKREICH
FREMDEN-LEGION (I)

1. Grenadier der 1. Legion in Großer Uniform, 1855. Bei der 2. Legion wurde das Dunkelblau dieser Uniform durch Grün ersetzt (s. Abb. 7). – 2. Tirailleur der 2. Legion, 1855–1856. Von 1856 bis 1859 wird er zum Jäger im 1. Fremden-Regiment (s. Abb. 4). – 3. Offizier der 1. Legion in Dienstuniform, 1856. – 4. Jäger des 1. Fremden-Regiments in Dienstuniform, 1856–1859. Der Capotemantel war graublau, wie bei den anderen Bataillonen. – 5. Offizier der Jäger des 1. Fremden-Regiments, 1856–1859. Der Mantel war graublau, wie bei den anderen Bataillonen. – 6. Füsilier des 1. Fremden-Regiments, Uniform für den Afrika-Feldzug, 1857. – 7. Unteroffizier der Voltigeure des 1. Fremden-Regiments in Dienstuniform, 1855–1859. Gleich nach der Ankunft in Afrika änderte sich die Uniform, nur die Offiziere und Unteroffiziere behielten den grünen Waffenrock und das Käppi mit dem grünen Band. Sie übernahmen die blau-rote Uniform, wie sie das 2. Fremden-Regiment trug, gegen Ende 1859. – 8. Gefreiter der Grenadiere des 2. Fremden-Regiments, Felduniform im Krimkrieg, 1855. Die große Patronentasche verschaffte den Legionären den Spitznamen »die Lederbäuche«.

1
2
3
4
5
6
7
8
L. & F. FUNCKEN

sich zahlreiche »Afrikaner«, und die bekanntesten Führer der Eroberung und Pazifizierung Algeriens gingen ins Exil.

In den folgenden zwanzig Jahren leiten neue Führer die nächsten Kriegszüge.

Unter den Afrika-Truppen hatten sich die vier Jäger-Regimenter durch ihre glänzenden Erfolge gegen die arabischen Stämme einhellige Bewunderung erworben; in den offiziellen Rapporten und den Tagesbefehlen des Heeres wurden sie häufig zitiert.

Neben Afrika waren die Krim, Italien, Syrien und Mexiko Schauplatz ihrer Heldentaten. Nichts schien diese ausgezeichneten Soldaten aufhalten zu können, die in aufgelöster Ordnung ebenso gut kämpfen konnten, wie bei Angriffen in geschlossenen Reihen.

In seinem »Essai sur l'organisation de la cavalerie légère« (Essay über den Aufbau der Leichten Kavallerie) schreibt Gay de Vernon: »Die Araber, die in hundert Treffen die schrecklichen Qualitäten unserer Jäger kennenlernten, ihre Kraft, Beweglichkeit, Geschicklichkeit, ihre Kühnheit im Kampf und, darüber hinaus, ihre Großmut im Sieg, haben sie in ihrer bildreichen, poetischen Sprache die Löwen der Wüste genannt.«

Das 1839 aufgestellte 4. Regiment der Chasseurs d'Afrique hatte 1856 auf der Krim den Kern der reitenden Jäger der Garde gebildet. Es war mehrmals aufgelöst und umgebildet worden, wurde schließlich 1867 neu aufgestellt und nahm, mit den drei anderen, am Feldzug von 1870 teil.

Während des Mexiko-Feldzugs war ein Marschregiment der Chasseurs d'Afrique entstanden, das aus sieben Eskadronen verschiedener Regimenter und zwei Eskadronen des 5. Husaren-Regiments zusammengestellt war.

Durch Dekret vom 6. August 1853 wurde befohlen, daß die vier Regimenter den gleichen Waffenrock tragen und sich nur durch die Nummer auf Kopfbedeckung und Knöpfen unterscheiden sollten. Kragen und Vorstöße der spitzen Ärmelaufschläge waren jonquillengelb.

1859 bekam die Jacke jonquillengelbe Kragenspiegel und 1862 wurde der Dolman eingeführt, der mit sechs schwarzen Schnüren verziert war. Die rote Hose trug als Schmuck einen himmelblauen Doppelstreifen.

Im Jahre 1879 erhielt der Dolman schließlich eine jonquillengelbe Patte mit drei Spitzen, auf der die Nummer in Himmelblau erschien. Die Verschnürungen und der Litzenbesatz entsprachen dem für die reitenden Jäger festgelegten Modell. Die im Felde getragene Jacke besaß als einzigen Schmuck die aus jonquillengelbem Tuch geschnittene Nummer am Kragen.

FRANKREICH
FREMDEN-LEGION (II)

1. Voltigeur des Fremden-Regiments in der Felduniform in Mexiko, 1863. Der Waffenrock hieß »Baskine«. – 2. Grenadier des Fremden-Regiments in Felduniform in Mexiko, 1863. Der Sombrero wurde nur während der Märsche getragen. Der Gürtel hatte manchmal auch eine andere Farbe. – 3. Afrika-Uniform (1882) und Tonkin-Uniform (1883 und Anfang 1884), mit der Négrier-Patronentasche, die 1881 aufkam und 1884 in Tonkin zugelassen wurde. – 4. Tonkin, 1885. Der Eingeborenenhut wird bis zur Einführung des Kolonialhelms getragen. Der »Keo« verdrängt den Waffenrock. Der blaue Wollgürtel hat seit 1882 Abzeichencharakter. – 5. Formosa, 1885. Wegen des rauhen Klimas war die afrikanische Felduniform aufgegeben worden. Sieht man einmal von der Négrier-Patronentasche ab und setzt weiße Gamaschen ein, erhält man das Bild eines Legionärs im Krieg 1870–1871. – 6. Tonkin, 1889. Die Négrier-Patronentasche wird seit 1885 zweifach, unter jedem Arm, getragen, ihre Riemen kreuzen sich auf dem Rücken. – 7. Siam, 1893. Der Katechu-Waffenrock wird ab 1892 khaki, und die Rettungs-Patronentaschen werden »nubisch« umgehängt. – 8. Madagaskar, 1895. Der Khaki-»Paletot« wird im Jahre 1899 »Mechanikerblau«. Der Kolonialhelm mit Messinggranate wurde von der Marine geliefert.

9. Von 1873 bis 1881 getragenes Käppi. – 10. Ab 1881 übliches Käppi.

1
2
3
4
9
10
5
6
7
8

Spahis

Kaum eine Einheit hat sich im Aussehen so wenig verändert wie die kecken Spahis. Die rote arabische Jacke mit den schwarzen Ornamenten hatte nur eine Zeitlang Konkurrenz in der himmelblauen Jacke, als die Spahis den Chasseurs d'Afrique angegliedert waren[1].

Die Spahis, von denen 1845 drei Regimenter aufgestellt worden waren, schufen sich sehr bald einen beneidenswerten Ruf, indem sie mit ungewöhnlichem Schneid in allen afrikanischen Feldzügen kämpften.

Auf Grund der Laune eines Generals nahmen die Spahis nur als Eskorte mit 83 Mann am Krimkrieg teil, wobei sie zuletzt im Dienst des Generals Canrobert standen, bevor sie schon 1854 nach Afrika zurückgeschickt wurden.

Im Jahre 1886 wurde ein 4. Regiment Spahis in Tunesien aufgestellt.

Die Uniform von 1859, die bis weit in das nächste Jahrhundert hinein getragen wurde, bestand aus einer arabischen Jacke aus krapprotem Tuch mit himmelblauen Ärmelaufschlägen. Mit schwarzen Tressen wurden falsche Taschen, »Gräber« genannt, aufgesetzt, die aus Tuch in der Abzeichenfarbe bestanden: 1. Regiment Himmelblau, 2. Jonquillengelb, 3. Krapprot und, 1886, Himmelblau für das 4., dazu zusätzlich der himmelblaue Burnus.

Ein weißer Turban mit blauen Streifen war um die krapprote Scheschia der französischen Reiter gewickelt. Die Eingeborenen trugen als Kopfbedeckung den weißen arabischen Haik, um den ein Strick aus Kamelfell gerollt war. Unter ihre karmesinrote Scheschia legten die Moslems ein weißes Kopftuch. Der für die drei ersten Regimenter gleiche Burnus war krapprot und weiß.

Anstelle der von den französischen Spahis getragenen Stiefel hatten die Araber »Themaggs« aus rotem Leder, die mit großen Sporen, »Schabirs« genannt, bewehrt waren.

Die ganze Lederausrüstung bestand aus rotem Saffian, und das Pferdegeschirr war in arabischem Stil gehalten, außer bei den Offizieren aus dem Mutterland.

Die letzteren trugen einen krapprotem Dolman mit Rangabzeichen aus goldfarbenen Husaren-Schleifen. Die sogenannte Faltenhose französischer Form in Himmelblau paßte zum himmelblauen Kaskett, das der Lagermütze der Kavallerieoffiziere nachgebildet war, mit den goldenen Tressen, die den Rang angaben.

FRANKREICH KOLONIALINFANTERIE EINGEBORENEN-TRUPPEN

1. Vollständige Felduniform in Tonkin um 1900. Diese unwahrscheinlichen »bardas« (Soldatenausrüstungen) waren typisch für die französische Infanterie. Der Anker wurde nur zwischen 1878 und 1886 geführt. – 2. Unteroffizier (sergent) in Felduniform, gegen 1900. Es wurde der gleiche Helmüberzug verwendet wie bei der Legion. Wurde er getragen, ließ sich die Marine-Infanterie nur durch den Anker am Kragen von der Legion unterscheiden. – 3. Gefreiter in Großer Dienstuniform, 1856–1912. – 4. Hauptmann in Felduniform in den Kolonien, gegen 1900. – 5. Bataillonskommandeur in Dienstuniform, gegen 1900. – 6. Sakalaven-Tirailleur (Madagaskar), 1889. Rechts, 1892. – 7. Annamitischer Tirailleur, 1889. Die Bürgergarde von Saigon trug Himmelblau anstelle des Rot. Links oben: Profilansicht. Unten: Dienstuniform.

1. Bis 1845 hatten das 1. und das 2. Regiment Chasseurs zwei Eskadronen Spahis; das 3., 4. und 5. Regiment hatten jeweils nur eine.

3
4
5
1
2
6
7

Linien-Kavallerie

Carabiniers

Die Carabiniers, die, wie wir gesehen haben, 1865 in die Kaisergarde Napoleons III. übernommen wurden, hatten ihr Aussehen seit Beginn des Jahrhunderts kaum verändert; nur auf den Helmen und Kürassen wechselten mit den politischen Veränderungen die Embleme. So verlor die Sonne auf dem Brustharnisch den lächerlichen Hahn von Louis Philippe und erhielt eine neutrale versilberte Rosette als Schmuck, als Prinz Louis Napoleon 1848 Präsident wurde, während der Helm die wenig kompromittierende Granate im Lorbeerkranz behielt.

Die Uniform wurde 1858 nur wenig verändert, sie bestand aus einem himmelblauen Frack mit krapprotem, himmelblau vorgestoßenen Kragen beim 1. Regiment und mit einem himmelblauen, krapprot vorgestoßenen Kragen beim 2. Regiment. Die Ärmelaufschläge waren himmelblau mit krapproten, himmelblau vorgestoßenen Patten beim 1. Regiment und krapprot mit himmelblauen, krapprot vorgestoßenen Patten beim 2. Regiment. Beide Regimenter hatten krapprote Vorstöße vorn am Frack, sie hatten auch die gleichen scharlachroten Epauletten mit himmelblauem Futter und krapproten Schiebern.

Am 14. Dezember 1859 wurde durch kaiserlichen Befehl der Waffenrock nach dem Modell der Kürassiere eingeführt, jedoch aus himmelblauem Tuch und mit krapprotem, gerade geschnittenem Kragen mit himmelblauem Vorstoß. Der Rock wurde einreihig mit neun großen Knöpfen geschlossen. Er ist auf der entsprechenden Bildtafel der Kaisergarde dargestellt, und man kann erkennen, daß die vorderen Rockschöße sich mit Haken und entsprechenden Ösen wie Schoßumschläge umklappen ließen.

Im Jahre 1854 wurde die lederne, schwarzbraune Reithose durch eine schwarzbraune Tuchhose mit ledernen falschen Stiefeln ersetzt.

Zur Großen Uniform wurde weiterhin eine weiße Hose mit großen Stulpenstiefeln getragen.

Lanciers

Napoleon III. behielt die bestehenden acht Lanciers-Regimenter. Er konnte sich zu ihrem Mut bei Solferino, während des Italienfeldzuges, nur beglückwünschen (1. und 4. Regiment), aber gegenüber den Preußen 1870 führte sie ihre unüberlegte Forschheit ins Verderben. Eine grausame Ironie wollte es, daß die Garde-Lanciers sogar von den Dragonern angegriffen wurden, weil die sie für Ulanen gehalten hatten!

Vor 1867 veränderte sich die Uniform kaum, höchstens daß ein Kragen ein wenig enger wurde oder eine Tschapka ein wenig niedriger. Als 1854

FRANKREICH
CHASSEURS D'AFRIQUE
UND SPAHIS

1. Chasseur d'Afrique, 1852. – 2. Chasseur d'Afrique in Felduniform, 1880. Die krapprote Scheschia wurde auch mit der Quaste in der Eskadronsfarbe getragen (auf der Brust zu sehen). – 3. Chasseur d'Afrique in Großer Uniform, 1860–1870. Seit 1860 unterschieden sich die Regimenter nur noch durch die Nummer auf den Knöpfen und auf dem Mantelsack. – 4. Wachtmeister (brigadier) des 3. Regiments Chasseurs d'Afrique in Mexiko, 1862–1863. – 5. Offizier der Chasseurs d'Afrique in Kleiner Uniform, 1853–1854. – 6. Rückansicht des Offiziersdolmans.
7. Offizier der Spahis in Kleiner Uniform, 1868. – 8. Algerischer Spahi (4. Regiment), 1886. – 9. Senegalesischer Spahi, 1886.

8
9
1
2
3
4
5
6
7
L. & F. FUNCKEN

die Hose mit den falschen Stiefeln in der Kavallerie die lederbesetzte Hose ablöste, zögerten die Lanciers anscheinend, ob sie die Neuerung annehmen sollten, und noch ein Jahr später waren sie nach der alten Mode gekleidet.

Im Jahre 1867 gab es bezüglich der Farbe eine Veränderung: Alle Lanciers bekamen die Abzeichenfarbe Jonquillengelb und einen dunkelblauen Waffenrock, der einreihig mit neun weißen, mit Nummern versehenen Knöpfen geschlossen wurde. Die dunkelblauen Tschapkas bekamen einheitlich jonquillengelbe Behänge und einen Pompon in der Eskadronsfarbe.

Es ist nicht sehr wahrscheinlich, daß alle Regimenter die neue Uniform noch vor Ausbruch des Krieges ausgeliefert bekamen, so daß mehrere Regimenter in diesem schrecklichen Feldzug noch die hübsche Kurtka trugen.

Kürassiere

Durch ministeriellen Beschluß vom 12. Oktober 1852 wurden die Untersuchungen der Generalinspekteure bestätigt, die festgestellt hatten, daß die Farbe Orange, die den ersten vier Regimentern zugeteilt war, stark ausbleiche, und deshalb Krapprot empfahlen.

Einen Monat später erging der endgültige Erlaß; er sah vor, daß diese Regimenter auf beiden Kragenseiten weiße Tuchpatten tragen sollten, und er gab folgende Uniformbeschreibung:

Regiment	Kragen	Kragenpaspel	Patten der Ärmelaufschläge	Paspel der Aufschlagspatten
1.	krapprot	blau	krapprot	blau
2.	krapprot	blau	blau	krapprot
3.	blau	krapprot	krapprot	blau
4.	blau	krapprot	blau	krapprot

Im Jahre 1854 wurde die schwarzbraune Lederhose durch eine schwarzbraune Tuchhose und falsche Stiefel ersetzt.

1859 stand in der Uniformbeschreibung nicht mehr das Wort Frack, sondern der Terminus Waffenrock, und es wurde nicht mehr von Schößen, sondern von Rockteilen gesprochen.

Von nun an war bei allen der gerade Kragen krapprot mit blauem Vorstoß, und Krapprot wurde die alleinige Abzeichenfarbe.

Im Jahre 1868 wurden die nun kürzeren Rockschöße nicht mehr umgeschlagen, wenn der Kürassier zu Pferde saß; das krapprote Futter verschwand.

Am 12. Dezember 1871 wurden die Rockschöße wieder länger, so daß sie wieder krapprot abgefüttert und beim Reiten umgeschlagen wurden.

FRANKREICH
CARABINIERS UND LANCIERS

1. Carabinier des 2. Regiments mit dem Capote-Waffenrock, 1860. Die krapprote Hose mit falschen Stiefeln war 1854 eingeführt worden. – 2. Carabinier des 1. Regiments, 1854. – 3. Offizier des 2. Regiments Carabiniers, 1854.
4. Lancier des 6. Regiments in Großer Uniform, 1859. – 5. Lancier des 6. Regiments in Marschuniform, 1855. Zu seinen Füßen liegt das Pferdegeschirr 1853–1860. Das krapprote Brustteil seiner Kurtka ist umgewendet worden. – 6. Lancier des 2. Regiments in Marschuniform, 1868. Die Tschapka ist die gleiche wie bei Abb. 4, jedoch mit jonquillengelben Behängen. – 7. Lancier des 5. Regiments in Felduniform, 1870. Der an dieser und der vorhergehenden Figur gezeigte Waffenrock hatte die alte Kurtka, die von den Fig. 4 und 5 getragen wird, noch nicht vollständig abgelöst. Einige Regimenter trugen noch während des Krieges, mindestens bis Ende 1870, die alte Uniform. – 8. Emblem der Lanciers.

1
2
3
4
5
6
7
8
L. & F. FUNCKEN

Der Kragen erhielt auf jeder Seite eine blaue Patte mit der Regimentsnummer aus krapprotem Tuch.

Der bis dahin bläulich-weiße Mantel wurde 1872 durch einen blaugrauen Mantel ersetzt und 1873 durch einen dunkelblauen Mantel, der am Kragen die krapprote Nummer trug. 1879 erschien diese Nummer auf einem Kragenspiegel, der wie der Mantel dunkelblau war.

Zu dieser Zeit war ein sehr weiter, dunkelblauer Waffenrock eingeführt worden, der falsche Ärmelaufschlagspatten in Krapprot hatte. Diese Uniform wurde zwischen 1884 und 1886 durch einen Waffenrock mit kürzeren Schößen ersetzt, die sich nicht zwischen Reiter und Sattel einklemmten. Der Kragen war krapprot, blau vorgestoßen und vorn abgerundet. Die krapprote Hose mit falschen Stiefeln hatte zunächst dunkelblaue Vorstöße und ab 1888 himmelblaue.

Der stählerne Küraß von 1855 verlor seine Polsterung und Haken, als 1860 eine Küraßweste oder Polsterweste eingeführt wurde, die über dem Waffenrock zu tragen war. Diese Weste hatte dunkelblaue Wülste und ab 1863 krapprote.

Eigenartigerweise wurde der Küraß im Dezember 1880 in den Regimentern mit geraden Nummern abgeschafft, doch wurde diese Maßnahme im April 1883 widerrufen.

Nach dem Krieg von 1870 kam ein Helm ohne den berühmten Turban aus Seekuhfell auf, der seine endgültige Form mit der Modifizierung von 1874 erhielt.

Der »küraßlose« Kürassier, der zunächst mit einer Pistole, dann mit einem Revolver bewaffnet war, die im Halfter und, ab 1878, am Bandelier getragen wurden, hatte eine Zeitlang das Privileg, als Waffe den Karabiner, Modell 1874, zu tragen.

In den Jahren 1891–1892 verfügten schließlich alle über den Karabiner Modell 1890 mit Spezialkolben, so daß die Soldaten auch mit Küraß anlegen konnten[1].

FRANKREICH
KÜRASSIERE

1. 1870. Die Regimentsnummer stand seit 1868 nicht mehr auf den Granaten. Mit dem nicht umgeschlagenen Waffenrock werden die jungen Rekruten im Krieg 1870 bekleidet. – 2. 3. Regiment, 1868. Die Abzeichenfarbe, die seit 1840 aus der Borte und der Granate auf der Schabracke zu ersehen ist, wurde bei den ersten vier Regimentern 1852 abgeschafft, bei den folgenden 1853. – 3. 1873. Die Schabracke verschwand 1873, sie wird durch eine dunkelblaue, einfache Decke ersetzt. – 4. 1. Regiment, 1855. Seit 1852 hat der Kragen eine Patte aus weißem Tuch und die zu empfindliche Abzeichenfarbe Orange wurde gegen Krapprot ausgewechselt. Abb. a zeigt den rechten Rockschoß. – 5. 1859. Anstelle des Fracks gibt es nun den Waffenrock, dessen Rockbahnen zum Reiten umgeschlagen werden. Er wird 1868 verkürzt und braucht nun nicht mehr umgeschlagen zu werden (siehe Abb. 1), 1871 aber wird er wieder länger und bekommt krapprote Schoßumschläge (siehe Abb. 3). – 6. 1883. Der Waffenrock wird durch einen kürzeren ersetzt, der falsche Ärmelaufschlagspatten hat. Rechts, der Helm von vorn. – 7. 1892. Auch der Mantelsack ist seit 1884 verschwunden. Der Spezialkarabiner für Kürassiere wurde 1891 eingeführt. – 8. Offizier, 1892. Seit etwa zehn Jahren ist das vorschriftsmäßige Dunkelblau bei den Offizieren aller Waffengattungen in Schwarz abgewandelt.

Dragoner

Im ersten Band über die Uniformen des 19. Jahrhunderts haben wir auf den Seiten 63 und 64 Übersichtstafeln über die Uniform gebracht, die den Dragonern 1845 zugewiesen wurden. In der Vorschrift von 1852 wurde das zu empfindliche Orange der ersten vier Regimenter durch Weiß oder weiß vorgestoßenes Grün ersetzt, und zwar wie folgt:

1. Die Entwicklung des Kürassiers und seine letzte Wandlung sind in Band II unseres Werks über den Krieg 1914–1918 dargelegt (in deutscher Sprache bisher nicht erschienen).

1
2
3
4
5
6
7
8
a
L. & F. FUNCKEN

Regiment	Kragen	Kragenvorstoß	Aufschlags-patten	Vorstoß der Aufschlagspatten
1.	weiß	grün	weiß	grün
2.	weiß	grün	grün	weiß
3.	grün	weiß	weiß	grün
4.	grün	weiß	grün	weiß

Die Vorstöße an den Taschen und den Schoßumschlägen sowie die Granaten darauf waren natürlich weiß.

Im Jahre 1862 erhielten diese Regimenter alle einen grünen Kragen, der beim 3. und 4. weiß vorgestoßen war. Die Ärmelaufschläge blieben, wie sie waren, bekamen jedoch bei allen vier Regimentern weiße Aufschlagspatten.

Was die anderen Regimenter betrifft, gelten, abgesehen von der Einführung roter Epauletten, die Bildtafeln von Band 1 für diese beiden Zeiträume.

Mit dem ministeriellen Erlaß vom Juni 1868 verloren die Dragoner endgültig ihre traditionell grüne Uniform, sie bekamen nun einen dunkelblauen Waffenrock, dessen scharlachrot gefütterte Schoßteile sich hochschlagen ließen und so die gleichen Schoßumschläge bildeten wie bei den Kürassieren. Der weiße Kragen trug auf einer dunkelblauen Patte die weiße Nummer. (d. Ü.: die Abb. 6, 7 und 10 haben noch rote Nummern, nur 9 eine weiße). Die Dragoner trugen noch den alten Helm in Kupfer mit dem Turban aus geflecktem Seekuhfell als Leopardenfellimitation. Nach 1870 wurde bis zur Einführung des Stahlhelms vorn auf dem Turban eine Kupfergranate getragen.

Im Jahre 1879 wurde ein kürzerer Waffenrock eingeführt, der im großen und ganzen dem obigen glich, nur war die Nummer krapprot statt weiß (d. Ü.: siehe Bemerkung oben!).

Dieser Waffenrock wurde 1884 durch einen dunkelblauen Dolman ersetzt, der auf der Brust neunfache Beschnürung aus schwarzer Tresse hatte, die mit drei Reihen zu je neun Knöpfen befestigt waren.

Auf jeder Schulter war eine doppelte schwarze Litze aufgenäht, die in Kleeblattform endete. Die spitzen Ärmelaufschläge waren schwarz vorgestoßen.

Zur gleichen Zeit wurde auch der Stahlhelm mit kupferner Garnitur und Bügel sowie Roßschweif eingeführt. Es war der gleiche Helmtyp, den die Kürassiere trugen.

Jäger zu Pferde

Bis zum Jahre 1854 sah der Jäger so aus, wie wir ihn im ersten Band der Uniformen des 19. Jahrhunderts, Seite 65, zeigen, jedoch mit dem krapproten Tschako im Husarenstil.

FRANKREICH
DRAGONER

Schabracken: 1. 1845–1852. – 2. 1853–1860. – 3. 1861–1867. – 4. 1868–1884. Im Jahre 1874 wird die Schabracke durch eine einfache Decke ersetzt; der Mantelsack verschwindet 1884.
5. 1857. Rechts, Rückansicht. – 6. 1868. Bevor, nach dem Krieg von 1870, der Stahlhelm eingeführt wird, trug die Garnitur vorn eine kupferne Granate als Schmuck. – 7. 1873. – 8. 1879. Der hier gezeigte Waffenrock wich 1883 dem Dolman von Abb. 10. – 9. Offizier, 1892. – 10. 1892. Das Emblem auf dem Arm zeigt an, daß es sich um einen Elite-Schützen handelt.

1
2
3
4
5
6
7
8
9
10

Im Jahre 1854 fand eine tiefgreifende Änderung der Uniform statt, die Soldaten bekamen einen hellgrünen Dolman mit 18facher schwarzer Beschnürung und drei Knopfreihen. Als neue Kopfbedeckung erhielten sie eine Mütze (Tolpak) aus Persianerfell, das über eine Form aus Rindsleder gezogen war. Der Mützenboden bestand aus schwarzem Lackleder und hatte einen Durchmesser von 180 bis 190 mm. So entstand die charakteristische »Blumentopf«-Form, die sich deutlich vom Kolpak unterscheidet. Hinzu kam, daß ein kurzes, lockiges Fell verwendet wurde, das sich nicht durch Bürsten »aufblähen« ließ.

Im Jahre 1860 wurde die schwarzlederne Säbeltasche mit dem kaiserlichen Adler als Schmuck wiedereingeführt, und von dieser Zeit bis 1873, als das ganze Heer umorganisiert wurde, änderte sich die Erscheinung des Jägers nicht mehr.

Die nun gewählte Uniform, der himmelblaue Dolman mit schwarzer Beschnürung und der kleine Tschako mit dem Jagdhorn als Schmuck, verwandelte das Bild des reitenden Jägers völlig.

Wir gehen auf diese neue Bekleidung nicht weiter ein, da wir sie hinreichend abbilden und die Beschreibung genau auch auf die Husarenuniform zutrifft, wobei nur die Farbe der Tressen und Litzen abweichen.

Ein Tschako mit krapprotem Turban, der 1873 bei den Jägern und den Husaren zur Erprobung eingeführt wurde, konnte sich gegen das himmelblaue Modell nicht durchsetzen.

FRANKREICH
JÄGER ZU PFERDE

1. Jäger, Große Uniform, 1854. – 2. Trompeter, Große Uniform, 1860. – 3. Offizier, Große Uniform, 1855. – 4. Jäger, Felduniform, 1860. Die schwarzlederne Säbeltasche, die mit dem kaiserlichen Adler aus gelbem Metall geschmückt ist, wurde den Jägern 1860 zugewiesen.
Die hier gezeigten Uniformen wurden zwischen 1854 und 1872 getragen.
5. Jäger, Felduniform, 1880. Die Vorderansicht ist mit den daneben abgebildeten Uniformen identisch. – 6. Offizier, Große Uniform, 1880. – 7. Offizier, Morgenuniform, 1892. – 8. Offizier, Große Uniform, 1892.
Die 1873 eingeführte himmelblaue Uniform wurde ohne Änderungen bis zum Beginn des 20. Jahrhunderts getragen. Abgesehen vom Emblem und der Farbe der Litzen war sie mit der Husarenuniform identisch.

Husaren

Wir haben im ersten Band der Historischen Uniformen des 19. Jahrhunderts eine Übersichtstafel über die Uniform der Husaren 1841 gebracht sowie über die Vereinfachungen, die im Juli 1842 an den Tressen, Litzen und Schnüren des 1. und 4. Regiments vorgenommen wurden. Erst im Oktober 1852 wurden die gemischten Farben bei den Verzierungen allgemein abgeschafft:

Regiment	Tressen, Litzen und Schnur	Regiment	Tressen, Litzen und Schnur
1.	weiß	6.	weiß
2.	weiß	7.	jonquillengelb
3.	weiß	8.	jonquillengelb
4.	weiß	9.	jonquillengelb
5.	weiß		

Bei den ersten sechs Regimentern blieben die Schlingen der Schärpe weiß, bei den anderen drei waren sie gelb.

Es ist jedoch unwahrscheinlich, daß diese Änderungen beim 8. Regi-

1
2
3
4
5
6
7
8

ment jemals durchgeführt wurden, denn es bekam im Januar 1853 seine alte Abzeichenfarbe Goldgelb zurück.

Am 24. November des gleichen Jahres wurde dem 6. und dem 7. Regiment vorgeschrieben, daß sie Hellgrün als Grundfarbe zu tragen hätten.

Im Mai 1854 wurden die lederverstärkten Reithosen durch Hosen mit Tuchverstärkung und falschen Stiefeln ersetzt.

Im Mai 1856 wurde das 9. Husaren-Regiment aufgelöst und seine Uniform deshalb in späteren Erlassen nicht mehr erwähnt.

Am 14. Dezember 1859 wurde auf ministerielle Anordnung die am 20. November des Vorjahres veröffentlichte Uniformenbeschreibung wieder geändert.

Allen Regimentern wurde die krapprote Hose mit einem weißen Doppelstreifen vorgeschrieben, der in der Mitte eine Paspel in der Grundfarbe des Dolman hatte.

Als Kopfbedeckung gab es eine Pelzmütze aus schwarzem, gekräuseltem Lammfell mit krapprotem Flügel und einer Kette als Kinnriemen. Auf dem vorn sitzenden Pompon, der bei allen Eskadronen scharlachrot war, saß eine Tulpe aus gestanztem Kupfer, die einen weißen Federbusch mit roter Spitze hielt. Eine weitere wichtige Abwandlung: Schärpe und Pelzrock wurden abgeschafft.

Reg.	Dolman	Kragen und Ärmelaufschläge	Knöpfe, Tressen Litzen u. Tolpakschnur[2]	Hosenstreifen	Mittlere Paspel
1.	himmelblau	rot	weiß	weiß	himmelblau
2.	dunkelbraun	rot	weiß	weiß	dunkelbraun
3.	grau	rot	weiß	weiß	grau
4.	rot[1]	rot	weiß	weiß	rot
5.	dunkelblau	rot	weiß	weiß	dunkelblau
6.	hellgrün	rot	weiß	weiß	hellgrün
7.	hellgrün	rot	jonquillengelb	jonquillengelb	hellgrün
8.	himmelblau	rot	goldgelb	goldgelb	himmelblau

Im März 1860 wurde der himmelblaue Dolman-Waffenrock mit sieben Schnurreihen für alle Regimenter eingeführt. Das war ein schwerer Schlag gegen eine Uniform, deren charakteristische Merkmale weitgehend erhalten geblieben waren, obgleich allmählich das eine oder andere typisch »husarenhafte« Element verlorengegangen war.

Der Krieg von 1870 verhinderte, daß die neue Uniform allgemein eingeführt wurde; es wurden nun zahlreiche Dolmans mit oder ohne Tressen erprobt, Helme, Tschakos in verschiedenen Formen und Farben geprüft, und man kam so schließlich zu der Uniform, mit der die Husaren bis zum Ersten Weltkrieg bekleidet waren.

Diese letzte Uniform, die im Verhältnis zur vorherigen entschieden modern war, wurde im April 1872 eingeführt und bestand aus einem

FRANKREICH
HUSAREN (I)

1. 7. Regiment, 1859. Schärpe und Pelz verschwinden in diesem Jahr. Das Dunkelgrün, das bis 1853 getragen worden war, hatte dem Hellgrün Platz gemacht. – 2. 7. Regiment, 1852. Die jonquillengelben Tressen und Behänge wurden 1853 goldgelb. – 3. 9. Regiment, 1852. Dieses Regiment wurde 1859 aufgelöst. – 4. 3. Regiment, 1852. – 5. 4. Regiment, 1860. Die an der Kopfbedeckung und auf der Brust als Girlande getragene Schnur wurde in diesem Jahr abgeschafft. – 6. 5. Regiment, 1860. – 7. 2. Regiment, 1860.

1. Das 4. Regiment behielt seine alte Kleidung bis 1860, dann übernahm es die Uniform des 3. Regiments, jedoch mit gelben Knöpfen.
2. Die Tolpakschnur wurde 1860 abgeschafft.

2
3
4
1
5
6
7
L. & F. Funcken

himmelblauen Dolman mit neun Reihen weißer Tressen und einer krapproten Hose mit himmelblauem Streifen.

Kragen und Ärmelaufschläge aus Tuch in der Grundfarbe waren mit einer weißen Litze besetzt, desgleichen die Rückennähte, wo die Litze über die Taillenknöpfe hinaus in Kleeblattschleifen endete.

Die Regimenter unterschieden sich nur durch die krapprote Nummer auf dem himmelblauen Kragenspiegel.

Als Kopfbedeckung hatte man einen niedrigen, kegelstumpfförmigen Tschako ausgewählt, der manchmal auch als »taconnet«[1] bezeichnet wurde. Der mit halbfeinem Tuch bezogene Tschako hatte oben eine weiße Borte und war vorn mit einer Husaren-Schleife aus weißer Litze verziert. Der Rand des Augenschirms und die Kinnkette bestanden aus Kupfer, ein locker fallender Busch aus schwarzen Hahnenfedern wurde zur Großen Uniform getragen und verdeckte dann den runden Pompon in der Abzeichenfarbe der Eskadron. In der Kaserne trug der Husar ein krapprotes Käppi mit Turban und himmelblauer Paspel sowie der Regimentsnummer aus krapprotem Tuch.

Die bei Arbeiten und beim Exerzieren in der Unterkunft getragene Jacke war ganz himmelblau und hatte als einzigen Farbfleck die krapprote Regimentsnummer auf dem Kragen.

Der ebenfalls himmelblaue Mantel besaß einen großen Rundkragen und wurde mit Knöpfen aus weißem Metall geschlossen, die aber bald mit Stoff in der Grundfarbe überzogen wurden.

FRANKREICH
HUSAREN (II)

1. Offizier des 1. Regiments, 1870. – 2. Husar in Felduniform, 1870. Er trägt den Dolman-Waffenrock, der 1868 eingeführt wurde, aber allgemein vor Ausbruch der Feindseligkeiten mit Deutschland nicht mehr getragen wurde. Ein schwarzer Kolpak mit krapprotem Flügel und weißem, oben rotem Federbusch vervollständigte diese Uniform. Die Säbeltasche wurde noch getragen. – 3. Trompeter, 1895. – 4. Offizier, 1892. – 5. Offizier im Pelz. – 6. Husar in Felduniform, 1890. – 7. Husar, 1880. Die 1872 eingeführte Uniform wurde 1899 für zu schwer und unpraktisch erklärt. Dragoner, Husaren, Jäger zu Pferde und Chasseurs d'Afrique erhielten einen weiten Waffenrock ohne Tressen, eine Kniehose und Wadenstrümpfe (Beinleder). Viele Einheiten waren 1905 immer noch nicht damit beliefert. – 8. Husaren-Schleife auf dem Tschako der Husaren.

Artillerie, Genie und Train

Nach dem Krieg von 1870 wurde auch die Uniform der Artillerie grundlegend geändert, man könnte sagen modernisiert.

Der königsblaue Dolman trug auf der Brust sieben Schnurreihen aus schwarzer Wolle, die von drei Reihen kupferner Knöpfe gehalten wurden. In die Knöpfe waren zwei gekreuzte Rohre mit einer Granate darüber eingeprägt.

Der scharlachrote Kragen besaß auf jeder Seite eine scharlachrote Patte mit drei Spitzen, auf der bei den Artillerieregimentern eine königsblaue Nummer stand. Bei den Bataillonen der Fußartillerie war diese Patte blau mit roter Nummer wie bei den Artilleriearbeitern.

Die Pontoniere trugen als Kennzeichen eine blaue, flammende Granate mit der Regimentsnummer in Rot. Bei den Feuerwerkern war die Granate kleiner, königsblau und die Nummer stand in Königsblau daneben.

Der steife Ledertschako war mit dunkelblauem Tuch bezogen und am

1. Seit 1838 wurde mit dem Ausdruck »taconnet« das steife Mützenteil des Käppi bezeichnet, das einen Leinenbezug erhielt.

1
2
3
4
5
6
7
8

oberen Rand mit einer roten Borte und roten seitlichen Stegen geschmückt.

Das dunkelblaue, rot gepaspelte Käppi trug vorn in der Mitte eine rote Nummer.

Im Jahre 1880 wurde ein mit dunkelblauem Stoff bezogener Helm erprobt, den man aber bald wieder aufgab.

Die Männer der Gebirgsbatterien trugen ein dunkelblaues Barett, einen Wollgürtel und Wickelgamaschen. Ihre königsblaue Joppe hatte einen königsblauen Kragen mit roten Patten und dunkelblauer Nummer.

Der Artillerietrain bekam 1859 anstelle seiner traditionellen eisengrauen Uniform eine dunkelblaue Kleidung und im Jahr darauf die Uniform der Artillerie, jedoch mit dunkelblauen, scharlachrot vorgestoßenen Ärmelaufschlägen und Zinnknöpfen.

Die Genie-Gardisten trugen stets die gleiche Uniform wie die Artillerie; als einziges Unterscheidungsmerkmal hatten sie einen Kragen oder Kragenpatten sowie Aufschlagspatten aus schwarzem Samt. Dazu kam noch ein besonderes Tschakoschild, es trug als Emblem Küraß und Helm über einer Granate mit ausgestanzter Nummer auf einem Lorbeergrund.

Der Genie-Train, der 1832 abgeschafft worden war, wurde 1844 in Form von Sappeur-Fahrern wiederaufgestellt. Er trug den Rock der Genietruppen, kürzte aber später die Rockschöße der Uniform von 1864 ab.

1879 trug der Train die Uniform der Truppe, jedoch mit wallendem Busch aus scharlachrotem Roßhaar, dazu eine Hose mit falschen Stiefeln, zu der Stiefeletten mit Sporen angezogen wurden.

Der Train des équipages (Fuhrwesen) behielt bis zum Ende des Jahrhunderts seine blaugraue Uniform, ein recht dunkles Grau mit leicht bläulichem Schimmer, mit krapproten Garnituren. Aber auch diese Uniform erfuhr nach dem Krieg tiefgreifende Veränderungen. Es wurde der Dolman mit sieben schwarzen Schnurreihen und krapprotem Kragen mit weißer Nummer und krapproten Treffeln auf den Schultern eingeführt.

Der krapprote Tschako bekam einen herabhängenden Federbusch in gleicher Farbe.

Mannschaftsstärken

Am Ende des Jahrhunderts umfaßte die französische Artillerie 38 Feldregimenter, 18 Bataillone Fußartillerie, 16 Batterien in Algerien und Korsika. Die 38 Regimenter waren in 19 Brigaden aufgeteilt (eine pro Armeekorps), von denen das Regiment mit der niedrigsten Nummer als Divisionsregiment bezeichnet wurde und aus 12 bespannten Batterien[1] bestand.

Das Regiment mit der höchsten Nummer hieß Korpsregiment und umfaßte zwölf Batterien, davon neun bespannte und drei reitende.

Die 18 Bataillone Fußartillerie dienten zur Verteidigung von Befesti-

FRANKREICH
ARTILLERIE, GENIE,
ARTILLERIE-TRAIN UND
FUHRWESEN

1. Bedienung eines Geschützes um 1900. – 2. Offizier, Große Uniform, 1880. – 3. Trompeter, Große Uniform, 1880. – 4. Artillerie-Train, 1859. – 5. Artillerie-Train, 1875. – 6. Fußartillerist, 1850. – 7. Artillerie-Offizier, 1850. – 8. Reitender Artillerist, 1850. – 9. Soldat des Fuhrwesens, 1879. – 10. Offizier des Fuhrwesens, 1879.

1
2
3
9
4
5
10
6
7
8
L. & F. FUNCKEN

gungen und Bedienung des Belagerungsgeräts. Es handelte sich in Wirklichkeit um die alte Festungsartillerie, die einen neuen Namen bekommen hatte.

Die Gebirgsbatterien waren von April bis Oktober den Gebirgsjäger-Bataillonen zugewiesen.

Das Gebirgsgeschütz bestand nur aus dem Kaliber 80 mm und kein Teil des zerlegten Geräts wog mehr als 100 kg, damit die Tragtiere nicht überlastet wurden.

Desgleichen besaß die Feldartillerie nur Geschütze, deren Gewicht nicht die Zugkraft von sechs Pferden überschritt.

Die reitende Artillerie besaß sogenannte leichte Kanonen von 80 mm und die bespannte Artillerie schwere Kanonen von 90 mm.

Außer diesen beiden Kanonentypen fand noch ein Geschütz von 95 mm Verwendung, das sehr genau schoß, aber ein wenig schwer war. Es wurde übrigens durch eine Kanone von 120 mm ersetzt, die kaum schwerer als die 90-mm-Geschütze war.

Die Kartätschengeschosse von 80 mm und 90 mm setzten 162 bzw. 237 Kugeln oder Splitter frei. Man kann sich vorstellen, wie schnell die Wirksamkeit der Granate gesteigert wurde, wenn man diese Zahlen mit den jämmerlichen 21 Splittern vergleicht, die die 1870 verwendete, mächtige Granate von 12 verstreute.

FRANKREICH
SAINT-CYR
UND REPUBLIKANISCHE GARDE

Saint-Cyr:
1. 1832. Die Uniform unterschied sich noch überhaupt nicht von der Kleidung der Linien-Infanterie, ausgenommen das Tschakoschild, das die Initialen E. M. (Ecole militaire, Kriegsakademie) trug. – 2. 1845. Diese neue Uniform, die im Mai 1845 eingeführt wurde, besaß bis Juli eine dunkelblaue Hose mit himmelblauen Streifen. – 3. 1861. – 4. 1893.

Republikanische Garde:
5. Freiwilliger Reiter der Pariser Republikanischen Garde, 1848. – 6. Erste Uniform, 1848. – 7. Zweite Uniform, 1848, Kleine Uniform. – 8. Infanterie, Große Uniform, 1852. Die Republikanische Garde nannte sich von 1852 bis 1870 (Zweites Kaiserreich) einfach »Pariser Garde«. – 9. Reiterei, Große Uniform, 1852.

1. Bespannte Batterie: eine von Pferden gezogene Artillerie-Batterie, deren Bedienungsmannschaft auf der Protze der Geschütze und den Munitionswagen saß.

1
2
3
4
5
6
7
8
9

DETTINGEN
PENINSULA WATERLOO
1
2
3
4
5
6
7
8
9
10
11

ZWEITER TEIL

DAS BRITISCHE HEER

GROSSBRITANNIEN
KÖNIGLICHE HAUSTRUPPEN
KAVALLERIE (I)

1. Reiter des 2. Reg. Life Guards in Kleiner Dienstuniform, 1900. Die »flask cord« auf dem Bandelier war beim 1. Regiment rot. – 2. Reiter der Royal Horse Guards, 1860. – 3. Hauptwachtmeister (Squadron corporal-major) des 1. Regiments Life Guards, 1850. – 4. Dromedar-Regiment, Felduniform im Sudan, 1884. Abteilungen der Household Cavalry bildeten diese Einheit, die speziell aufgestellt worden war, um die Belagerten in Khartum zu entsetzen. – 5. Reiter der Royal Horse Guards in der Uniform für den Ägypten-Feldzug, 1882.
6. Offizier-Helm der Life Guards, 1871–1900. – 7. Offizier-Helm der Horse Guards, 1871–1900. – 8. Ärmelaufschlag der Offiziere, Life Guards. – 9. Ärmelaufschlag der Truppe, Life Guards. Bei den Horse Guards sahen die Ärmelaufschläge genauso aus, jedoch auf rotem Grund. – 10. Rockschöße der Offiziere, Horse Guards. – 11. Rockschöße der Truppe, Horse Guards. Bei den Life Guards sind die Rockschöße identisch, jedoch mit rotem Grund.

Die Household Brigade

Kavallerie

Kein Kavallerie-Regiment der königlichen Haustruppen nahm am Krimkrieg teil.

Im Jahre 1855 wurde der alte »coatee« durch den neuen Waffenrock ersetzt. Der Helm von 1842 mußte 1871 einem einfacheren Modell weichen. Von diesem Zeitpunkt an sah diese stolze Kavallerie praktisch so aus, wie wir sie noch heute kennen.

In den Jahren 1882 und 1884 schlug sich die Household Cavalry prächtig in Ägypten und im Sudan; 1889 ging je eine Eskadron der Regimenter nach Transvaal, wo sie bis 1900 kämpften.

Infanterie

Schon 1855 bekam der Fußsoldat der Foot Guards durch den neuen Waffenrock und eine etwas kleinere Pelzmütze das Aussehen, das ihn in der ganzen Welt berühmt gemacht hat.

In unseren Abbildungen zeigen wir die Brigade, wie sie in der zweiten Hälfte des 19. Jahrhunderts aussah.

Drei Bataillone wurden auf die Krim geschickt, wo 13 Offiziere und Soldaten das »Victory Cross« erhielten, das eigens für diesen Feldzug geschaffen worden war. Dann kämpften die Foot Guards 1882 in Ägypten und im Sudan, 1895 gegen die Aschanti[1], und zeichneten sich wenig später im Burenkrieg aus.

Das Regiment Irische Garden, das erst 1900 aufgestellt wurde und hier nicht dargestellt ist, trug als Abzeichen in zwei Vierergruppen angeordnete Knöpfe und rechts an der Pelzmütze einen blauen Federbusch.

1. Volk im heutigen Ghana. Seine Könige waren mächtig genug, um das ganze 19. Jahrhundert lang gegen die Engländer zu kämpfen.

Linien-Infanterie: die Kopfbedeckungen

Tschako

In unserem ersten Band haben wir zuletzt den Fußsoldaten mit dem zylindrischen »Albert shako« beschrieben. Diese Kopfbedeckung, zu der es einen wasserdichten Überzug gab, wurde von den Teilnehmern des Krimkriegs getragen, einem ebenso schrecklichen wie nutzlosen Konflikt, der, was zu häufig vergessen ist, aus einem Streit zwischen orthodoxen und katholischen Mönchen entstanden war[1].

Durch die Unfähigkeit der Intendanz verwandelte sich das Heer in einen Haufen Zerlumpter, besonders während des schrecklichen Winters 1854–1855. Zum ersten Mal wiesen Kriegsberichterstatter – unter ihnen William Russell – und die »Times« auf die »phantastische Lügenmaschinerie des Militärsystems« hin. Die von der »Illustrated London News« veröffentlichten photographischen Dokumente sind für Uniformkundler eine wahre Fundgrube.

Zur gleichen Zeit wurde die Uniform beträchtlich vereinfacht, der »Albert shako« verschwand. Er wurde schon 1855 durch ein Modell nach französischer Art aus schwarzem Filz ersetzt. Da dieses Modell kleiner war, mußte auch ein neues Schild geschaffen werden, das zwar immer noch die Form eines Sterns hatte, auf dem aber nicht mehr die Schlachten aufgezählt waren. Die aus Metall gestanzte Nummer stand auf einem Grund aus schwarzem Leder in der Mitte des Hosenbandordens. Die alten Pompons wurden noch verwendet, doch da man seit 1862 der Ansicht war, daß die Flankeurkompanien keine Vorteile mehr brachten, wurden die Grenadiere und Leichten Infanteristen auf die beiden Bataillone des Regiments verteilt, oder vielmehr zusammengefaßt, und verloren damit ihren Abzeichen-Pompon. Die Regimenter Leichter Infanterie erhielten einen grünen, herabwallenden Federbusch, und ein gleicher, ganz weißer Federbusch schmückte den Tschako der Füsilier-Regimenter, ausgenommen das Regiment Northumberland (5.), das einen Busch mit roter Wurzel erhielt.

Die höheren Offiziere schmückten ihren Tschako am oberen Rand mit zwei Goldborten für die Obersten und Oberstleutnante und mit einer für die Majore.

Im Jahre 1861 wurde ein niedrigerer und leichterer Tschako eingeführt. Er war mit blauem Tuch bezogen und seine Platte war der vorigen sehr ähnlich, wenn auch ein wenig kleiner, mit herausgestanzter Nummer; der Pompon wurde kleiner. Während das Modell 1855–1861 in den Kämpfen 1860 in China die Feuerprobe zu bestehen hatte, wo es mit einem weißen Überzug getragen wurde, hatte das Modell von 1861–1869 trotz seiner Vorzüge niemals im Kampf gedient.

GROSSBRITANNIEN
KÖNIGLICHE HAUSTRUPPEN
KAVALLERIE (II)

1. Pauker des 1. Life Guards in Paradeuniform, um 1900. Die Schabracke ist schwarz mit roter Borte. – 2. Pauker der Royal Horse Guards in Paradeuniform, um 1900. – 3. Pauker des 2. Life Guards, um 1900. – 4. Trompeter des 1. Life Guards in Paradeuniform, um 1900. – 5. Offizier der Royal Horse Guards, um 1900. – 6. Trompeter der Royal Horse Guards, um 1900. Die Trompeter durften gegen 1835 den Küraß ablegen, aber es ist sicher, daß er zwischen 1900 und 1914 noch manchmal getragen wurde.

1. Der Sultan von Konstantinopel hatte, auf Druck Napoleons III., Weihnachten 1852 die Schlüssel zum Heiligtum in Bethlehem an den katholischen Patriarchen ausgeliefert. Zar Nikolaus I., den die (nicht ganz selbstlose) Initiative des »Neffen des Ogers« wütend machte, schickte eine Abordnung nach Konstantinopel, die das historische Recht der Zaren verteidigen sollte: den Schutz der orthodoxen Untertanen des Sultans. Und Rußland griff 1853 das Osmanische Reich, »den kranken Mann am Bosporus«, an und löste damit die Intervention Frankreichs und Englands aus, die das notwendige Gleichgewicht der Kräfte auf dem Kontinent aufrechtzuerhalten wünschten.

1
2
3
4
5
6
L. & F. Funcken

1
2
3
8
9
10
15
16
17
18
L. & F. FUNCKEN

4
5
6
7
11
12
13
14
19
20
21
22
23

Im Jahre 1869 gefiel der bisherige Tschako nicht mehr, daher fertigte man ihn jetzt ein ganz klein wenig niedriger, bezog ihn mit einfarbig blauem Tuch und gab ihm eine neue, dekorativere Platte, die den Hosenbandorden in einem Lorbeerkranz darstellte mit der ausgestanzten Nummer in der Mitte. Der Augenschirm war nun auch mit blauem Tuch überzogen. Der Offizierstschako behielt seine Goldlitzen, bekam aber zusätzlich eine schmale Goldborte am unteren Rand und eine senkrechte Litze auf jeder Seite.

Durch Erlaß von 1871 erhielten 16 Regimenter das Recht, ein besonderes »badge« auf dem Schild zu tragen. Mehrere andere Einheiten legten sich eigenmächtig ein solches Abzeichen zu.

Der Tschako von 1869–1878 war für die Regimenter der Leichten Infanterie aus dunkelgrünem Tuch hergestellt und mit einem herabhängenden Federbusch geschmückt. Bei den anderen Regimentern blieb der Pompon wie bisher.

Frankreichs unerwartete Niederlage 1870 bereitete der übertriebenen Vorliebe für Französisches, genährt durch die Siege in dreißig Jahren, ein jähes Ende. Der Tschako nach französischer Art war nur noch eine Kopfbedeckung für Besiegte. Umgekehrt wurde der »Helm mit Spitze«, der bisher meist mit Hohn bedacht worden war, nun ein Symbol für Schlagkraft und Ruhm.

Helm

Nach zwei Erprobungsjahren in einigen ausgewählten Einheiten wurde der neue, blau bezogene Korkhelm mit der Spitze darauf zum neuen »universal pattern« gewählt. Er war ein seltsamer Kompromiß zwischen der preußischen »Pickelhaube« und dem Kolonialhelm, doch verleugnete dieses Modell von 1878 seine eigentlichen Urheber nicht, so daß die satirische Wochenzeitung »Punch« die Behörden wegen ihres gerade wieder bewiesenen Mangels an Phantasie verspottete und den Helm »Prusso-Bello-Gallo-British« nannte. Dennoch wurde er mehr als 50 Jahre lang getragen.

Der gut ausgewogene, genügend groß bemessene Helm erhielt wieder eine Platte des großen Modells mit einem gekrönten Stern und dem Hosenbandorden, in dessen Mitte die Nummer stand, bei den königlichen Regimentern auf rotem Grund. Der Augenschirm war bei den Offizieren mit einem Messingrand versehen und bei der Truppe einfach aus schwarzem Leder. Wie früher hatten die Regimenter der Leichten Infanterie einen mit dunkelgrünem Stoff bezogenen Helm.

Da 1881 von den Regimentern 26 bis 109 jeweils zwei zu einem neuen Regiment verschmolzen worden waren, wurden die alten Nummern durch ein »badge« ersetzt und der neue Titel in Kreisform um dieses herumgeschrieben. Die Offiziere behielten den Hosenbandorden und setzten den Regimentstitel auf ein Band unter die Lorbeeren.

GROSSBRITANNIEN KÖNIGLICHE HAUSTRUPPEN INFANTERIE (SEITEN 76–77)

1. Musiker der Grenadiere, um 1900. – 2. Dudelsackpfeifer der Scots Guards, um 1900. Das Pfeifenbanner des Chefs der Dudelsackbläser war karmesinrot und trug die königliche Krone. Der Tartan ist der Royal Stuart. Die »pipers« waren 1853 eingeführt und 1856 offiziell bestätigt worden; es gab sechs pro Bataillon. – 3. Tambour-Major der Scots Guards in Paradeuniform, um 1900. Das Regiment, dem dieser »sergeant drummer« (ein zwischen 1881 und 1928 gebräuchlicher Titel) angehörte, ließ sich an dem Regimentsabzeichen auf dem Bandelier ablesen. – 4. Tambour-Major der Coldstream Guards in Großer Uniform, um 1900. – 5. Trommler der Coldstream Guards, um 1900. – 6. Trompeter der Coldstream Guards mit Lagermütze, um 1900. – 7. Trommler der Scots Guards, um 1900. Der kleine aufgerollte Beutel, der an der Trommel hängt, ist die Schutzhülle für das Instrument. Rechts, Rückansicht. – 8. Fahnen-Feldwebel (colour-sergeant) der Grenadiere, 1866. Er ist der dienstälteste Feldwebel, der neben dem die Fahne tragenden Offizier (Leutnant oder Oberleutnant) geht. – 9. Drill-sergeant (Ausbildungs-Unteroffizier) der Scots Guards, um 1900. – 10. Coldstream Guard in Marschuniform, mit der »pill-box cap« genannten Lagermütze, die bis 1905 getragen wurde. – 11. Regiments-Oberfeldwebel (regimental sergeant-major) der Grenadier Guards, um 1900. Die königlichen Wappen wurden bis 1890 verkleinert auf vier Goldwinkeln auf beiden Ärmeln getragen, später nur noch auf dem rechten Ärmel. – 12. Oberfeldwebel (staff sergeant) der Coldstream Guards in Kleiner Uniform, 1866. – 13. Offizier der Scots Guards, 1896. – 14. Offizier der Scots Guards, 1855. Für große Feierlichkeiten trugen die Offiziere die karmesinrot-goldene Schärpe. Die Uniform mit

langen Rockschößen, mit der die Truppen in den Krimkrieg gingen, war für kurze Zeit durch diese Art Waffenrock ersetzt worden, die schnell dem einreihig geknöpften Rock weichen mußte, den wir auf dieser Bildtafel zeigen. – 15. Scots Guard in Großer Uniform, 1896. Die Ausrüstung neuen Modells ist der Slade-Wallace, der um 1888 als Ersatz für die alte eingeführt wurde, die wir bei den Abb. 18 und folgende zeigen. – 16. Coldstream Guard in Marschuniform, 1899. Vor 1900 trugen die Garden bei Manövern Große Uniform, abgesehen vom Tornister (selbst leer und gerollt wie hier), der Feldflasche und den Gamaschen. Ein Winkel auf dem Ärmel stand für drei Dienstjahre. – 17. Sappeur-Unteroffizier (sergeant) der Grenadiere in Marschuniform, um 1900. Die Sappeure, die kein Gewehr trugen, besaßen statt der Patronentaschen Tragvorrichtungen für verschiedenes Werkzeug. – 18. Scots Guard in Wachuniform, 1882. Oben auf dem Rücken trägt er eine Wachstuchhülle, in der der Capotemantel liegt (siehe auch Abb. 20). – 19. Grenadier Guard in Marschuniform, 1888. Er hat die Ausrüstung von 1874 mit dem Tornister in Nierenhöhe (siehe folgende Legende). Die Tragriemen für die Patronentaschen waren für den Dienst in Ägypten abgeschafft worden (siehe Abb. 21). – 20. Scots Guard in der Felduniform für Ägypten, 1882. Der »valise« genannte Tornister drückte auf die Nieren; deshalb wurde er etwa ab 1889 in Schulterhöhe gerückt, zusammen mit der Einführung des Slade-Wallace-Systems. – 21. Scots Guard in der Felduniform für Ägypten, 1882. – 22. Scots Guard in Felduniform, Südafrika 1900. Das Abzeichen auf dem linken Unterarm weist darauf hin, daß es sich um einen Elite-Schützen handelt. – 23. Soldat des »Camel Corps«, das aus den Dromedarreiter-Regimentern gebildet wurde und 1884 die Rettungsexpedition in den Sudan unternahm. Die drei Garde-Regimenter stellten hierfür einen Teil ihrer Soldaten ab.

Pelzmütze und »busby«

Im Jahre 1866 erhielten die Füsilier-Regimenter eine kleine Pelzmütze, die »sealskin cap« (seal = Seehund) oder »busby« genannt wurde, im Gegensatz zur »bearskin cap« (Bärenfellmütze), die die königlichen Haustruppen trugen. Sie war, und ist noch heute, nur mäßig groß und deshalb viel weniger kleidsam.

Im Jahre 1871 bekamen die »Royal Fusiliers« (7.) eine Waschbärenfellmütze, und schon 1874 taten es ihnen alle anderen Regimenter nach.

Die Offiziere jedoch übertraten den Erlaß oder trugen eigenmächtig viel höhere Pelzmützen, die denen der Garde-Infanterie recht ähnlich waren.

Die traditionelle Granate blieb das Emblem der Füsiliere, doch verschwanden die Federbüsche, ausgenommen beim 5. Regiment (Northumberland), das seinen legendären »hackle«, weiß mit roter Wurzel, behielt.

Die »Rifles« gaben 1873 den letzten Tschako ab und setzten nun den »busby« auf, der für die Truppe aus Seehundfell und für die Offiziere aus schwarzem Schaffell gearbeitet war.

Danach wurde 1878 der schwärzlich-grüne Helm mit Bronzegarnitur eingeführt, doch zwei Jahre später war der »busby« wieder da...

Feldmütze (Lagermütze)

Im Jahre 1874 wich die alte »pill-box« (Pillenschachtel) mit den Messingziffern dem »glengarry«, den man den Schotten abgeguckt hatte. Diese neue Kopfbedeckung besaß auf der linken Seite ein besonderes »badge«, das im allgemeinen in der Mitte des gekrönten Hosenbandordens saß; doch viele Regimenter trugen dort nur ihre Nummer, die in ihren Augen typischer war.

Die Füsiliere entschieden sich oft für ihre geliebte Granate, und die Soldaten der Leichten Infanterie wählten das Horn... Sicher ist, daß die Regimenter nach ihrem Belieben bestimmen konnten und daß sie einander an Einfällen zu überbieten versuchten.

Als das Helmschild in der Mitte ein besonderes badge bekam (1881), erhielt die Lagermütze das gleiche badge in verkleinerter Form mit einer Krone darüber.

Als 1894 die so modern anmutende »side-cap« aufkam, mußte anstelle des zu großen Abzeichens auf dem »glengarry« das Abzeichen genommen werden, das bisher auf dem Kragen getragen wurde.

Im Jahre 1898 wurden neue, speziell entworfene badges geschaffen. Sie wurden Anfang dieses Jahrhunderts auf die häßliche »Broderick cap« gesetzt und danach auf die sogenannte »forage and service side-cap«, die 1904 eingeführt wurde.

Linien-Infanterie: Uniform

Da unsere Abbildungen alle Einzelheiten der Uniform zeigen, werden wir uns darauf beschränken, die Entwicklungsstufen nachzuvollziehen. Vor allem aber möchten wir darauf hinweisen, daß das Scharlachrot, das man so automatisch mit der britischen Militärkleidung in Verbindung bringt, den Unteroffizieren und der Truppe erst 1873 zugewiesen wurde und daß die Grundfarbe ihrer Uniform vorher ein viel weniger leuchtendes bräunliches Rot war.

Da durch den Krimkrieg die Fehler der Uniform deutlich geworden waren, wurde zunächst ein Waffenrock eingeführt, der auf der Brust zweireihig mit neun Knöpfen übereinandergeknöpft wurde. Dieses Modell gab man aber schon 1856 wieder auf und entschied sich nun für einen einreihig in der Brustmitte geschlossenen Waffenrock.

Die alten Ärmelaufschläge mußten 1868 spitzen Aufschlägen weichen, der Dekor auf den Schößen verschwand. Im Jahre 1871 wurden die Spitzen der Ärmelaufschläge mit einer Art Husarenschleife, »Treffel« genannt, verziert, doch 1880 setzte die Führung runde Ärmelaufschläge durch, die mit dem Namen »Marmeladentöpfe« belegt wurden und äußerst unbeliebt waren. Die Unteroffiziere legten sich als erste wieder spitze Ärmelaufschläge zu, und um 1900 waren sie wieder bei allen üblich.

Die teuren Epauletten der Offiziere wurden abgeschafft, und die Schulterklappen der Truppe bekamen zugleich mit den Ärmelaufschlägen die Abzeichenfarbe. Im Jahre 1873 wurden die Schulterklappen scharlachrot und die gestickte Nummer wurde durch Messingziffern ersetzt.

Die Knöpfe, die bis zur Einführung des Waffenrocks 1855 aus Zinn gefertigt waren, wurden nun aus Kupfer gemacht, verloren aber nicht ihren besonderen Dekor. Im Jahre 1871 bekam die Infanterie einen einheitlichen Knopf mit den königlichen Wappen, die Offiziere jedoch behielten ihre alten Knöpfe bis zum Jahre 1881.

Schottische Uniform

Die Highlanders trugen schon 1856[1] einen eigenen Waffenrock, »doublet« genannt, dessen Besonderheit vor allem darin lag, daß die Rockschöße in vier »Inverness flaps« geteilt waren, die je mit drei großen Knöpfen geschmückt waren. Die Ärmelaufschläge, die zunächst »nach französischer Art« geschneidert waren, erhielten 1868 die »gauntlet«-Form.

Die Straußenfedermütze erhielt Halt durch ein Gestell aus Eisendraht und ein kariertes Band. Das »Black Watch«, die »Seaforth« und die »Gordon Highlanders« befestigten daran vier herabhängende »Schwänze«, die »Cameron« fünf und die »Sutherland and Argyll« sechs. Der typische »sporran«[2] war beim »Black Watch« und bei den »Came-

GROSSBRITANNIEN LINIEN-INFANTERIE (I)

1. Unteroffizier des 7. Regiments »Royal Fusiliers«, 1850. Seit 1836 hatte der Rock keinen Litzenbesatz mehr, den nur noch die Truppe behielt, und er bekam einen dem Offiziersrock ähnlichen Schnitt. Die Feldwebel (sergeant-majors) trugen die drei Winkel ihres Dienstgrades auf dem Unterarm und ein kupfernes Jagdhorn auf den »wings«. Als einzige Waffe führten sie ein Schwert. – 2. Soldat des 28. Regiments, 1850. Dieses »North Gloucestershire Regiment« war seit dem Ägypten-Feldzug von 1801 berühmt. – 3. Daß das 28. Regiment an zwei Fronten gleichzeitig heldenhaft gekämpft hatte (hier Rückansicht seiner Uniform (1850), verschaffte ihm das Recht, die Nummer auch hinten am Tschako zu tragen. Im Jahre 1881 wurde diese Nummer durch eine Sphinx ersetzt, da badges die bis dahin von allen Regimentern getragenen Nummern abgelöst hatten. – 4. Soldat des 19. Regiments, »1st York North Riding«, 1850. – 5. Offizier des 20. Regiments, »East Devonshire«, 1850.

Die Schlachten von Alma und Inkerman auf der Krim wurden im September und November 1854 in den oben gezeigten Uniformen geschlagen.

6. Gefreiter des 49. Regiments, »Princess Charlotte of Wales«, 1854–1855. Den Tschako hatten die Soldaten beiseite getan oder »verloren« zugunsten der Lagermützen, die den Beinamen »porkpie« (Schweinspastete) hatte. Am Koppel hängt eine zusätzliche Patronentasche. – 7. Grenadier des 63. Regiments, »West Suffolk«, 1854–1855. Seine Epauletten in Form von »wings« zeigen, daß er zu einer Elite-Kompanie gehört. – 8. Offizier des 49. Regiments, 1855, mit dem neuen Waffenrock (siehe folgende Bildtafel, Abb. 2). – 9. Offizier in improvisierter Winterkleidung. – 10. Infanterist im Capotemantel. Bei der großen Kälte wurde im Heer der Verbündeten alles angezogen, was ihnen unter die Finger kam.

1. Nach einem Modell mit zwei Knopfreihen, die auf der Brust übereinander geknöpft wurden, 1855. Der Doublet wurde einreihig mit acht Knöpfen geschlossen.
2. Tasche aus Dachsfell, die vorn am Kilt getragen wurde.

1
2
3
4
5
6
7
8
9
10

ron« schwarz, bei den »Gordon« braun und bei den »Sutherland and Argyll« weiß.

Die Schotten aus den Lowlands (Tiefland), die meist mit den englischen Infanteristen verwechselt wurden, erhielten bei der Reform von 1881 schottische Abzeichenelemente, von denen das markanteste die lange Hose aus Regimentstartan war.

Felduniform

Die erste Khakiuniform kam im Jahre 1846 in Indien auf, und ihr Urheber war ein einfacher Leutnant. Ihn ahmte zwischen 1851 und 1853 das 74. Regiment in Südafrika nach, es folgten dann die Regimenter, die den Aufstand der Sepoy [1] bekämpften.

Ab 1857 wurde die Khaki-Farbe (hindustanisch für erdfarben) offiziell übernommen, obwohl der rote Waffenrock während der 80er Jahre noch auf einigen anderen Operationsschauplätzen getragen wurde.

Außerhalb Indiens wurde 1882 eine graue Uniform erprobt, da es nicht gelungen war, eine haltbare Khakifarbe zu erzeugen. Nachdem die aber 1884 hergestellt werden konnte, verdrängte die Khakiuniform das Uniform-Grau zwei Jahre später endgültig.

Ab 1902 ist das ganze britische Heer für den»universal service« (ausgenommen die Große Paradeuniform) in Khakiuniform gekleidet.

Die Linien-Regimenter vor und nach 1881

Numerierung vor 1881	Abzeichenfarbe vor 1881	1881 angenommener Titel	Abzeichenfarbe [2] 1881
1.	blau	Royal Scots	blau
2.	blau	Queen's (Royal West Surrey)	blau
3.	chamoisfarben	Buffs oder East Kent	weiß
4.	blau	King's Own (Royal Lancaster)	blau
5.	grün	Northumberland Fusiliers	weiß
6.	blau	Royal Warwickshire	blau
7.	blau	Royal Fusiliers (City of London)	blau
8.	blau	King's Liverpool	blau
9.	gelb	Norfolk	weiß

1. Soldat des 23. Regiments, des »Royal Welsh Fusiliers«, 1855. Ein zeitgenössisches Dokument läßt den Nackenschirm des Tschako 1855–1861 weg. – 2. Offizier des 23. Regiments, 1855. Diese Figurine und die vorherige zeigen den neuen Tschako, der bis 1861 getragen wurde. Der auf der Brust übereinander geknöpfte Waffenrock ließ sich entweder ganz zugeknöpft tragen oder auch halb offen, so daß das Futter in der Abzeichenfarbe hervorschaute, aber dieses Modell von 1855 hielt sich nur ein Jahr. – 3. Offizier des 77. Regiments, »East Middlesex«, mit dem Waffenrock 1856 mit einer Knopfreihe. – 4. Sergeant des 49. Regiments, »Princess Charlotte of Wales«, 1856. – 5. Infanterist des 8. Regiments, des »King's Regiment«, 1861, mit dem neuen, eigenartig gesteppten Tschako, der bis 1869 getragen wurde. – 6. Infanterist des 36. Regiments, des »Herefordshire Regiment«, 1866. – 7. Infanterist des 36. Regiments in Marschuniform, 1866. Über dem Handgelenk hat er einen Winkel für gute Führung. – 8. Leutnant des 36. Regiments in Marschuniform, 1866. – 9. Infanterist in Marschuniform mit Capotemantel und dem Tornistertyp, der zwischen 1866 und 1873 gebräuchlich war. Das Tragen des »porkpie« war gelegentlich erlaubt. – 10. Unteroffizier des 32. Regiments Leichte Infanterie, des »Cornwall Light Infantry«, 1869. Der grüne Federbusch war schon seit langer Zeit der Leichten Infanterie vorbehalten.
11. Tschakoschild 1855–1861 (Offiziere). Das Schild des Modells 1861–1869 war ähnlich, jedoch ein wenig kleiner. Bei der Truppe trat die Nummer reliefartig hervor und hatte keinen schwarzen Untergrund. – 12. Tschakoschild 1869–1878 (Offiziere). Bei der Truppe war die Nummer in der Mitte ausgestanzt, dazu hatten die 16 am meisten bevorzugten Regimenter ein besonderes Emblem als Zierde.

1. Sepoy: Soldaten, die die Europäer unter den indischen Völkern aushoben. Sie erhoben sich 1857 gegen die Briten und wurden im darauffolgenden Jahr besiegt.
2. Die königlichen Regimenter behielten das »königliche« Blau, aber alle englischen Regimenter (einschließlich der walisischen, deren Identität zu jener Zeit nicht beachtet wurde) erhielten Weiß. Die schottischen Regimenter hatten Gelb und die Iren Grün.

1
2
3
4
5
11
12
6
7
8
9
10
24
36
30

Numerierung vor 1881	Abzeichenfarbe vor 1881	1881 angenommener Titel	Abzeichenfarbe 1881
10.	gelb	Lincolnshire	weiß
11.	grün	Devonshire	weiß
12.	gelb	Suffolk	weiß
13.	blau	Prince Albert's (Somersetshire Light Infantry)	blau
14.	chamoisfarben	Prince of Wales' Own (West Yorkshire)	weiß
15.	gelb	East Yorkshire	weiß
16.	gelb	Bedfordshire	weiß
17.	weiß	Leicestershire	weiß
18.	blau	Royal Irish	blau
19.	grün	Princess of Wales' Own (Yorkshire)	weiß
20.	gelb	Lancashire Fusiliers	weiß
21.	blau	Royal Scots Fusiliers	blau
22.	chamoisfarben	Cheshire	weiß
23.	blau	Royal Welsh Fusiliers	blau
24.	grün	South Wales Borderers	weiß
25.	blau	King's Own Borderers	blau

Diese ersten 25 Regimenter, die bereits zwei Bataillone besaßen, wurden nicht mit anderen Regimentern verschmolzen, während von den folgenden jeweils zwei ab 1881 zusammengelegt wurden, so daß aus jedem Regiment das erste oder das zweite Bataillon einer neuen Einheit wurden. Zur Orientierung des Lesers haben wir in Klammern die alte Nummer des Regiments angegeben, das so mit einem anderen vereinigt wurde.

Numerierung vor 1881	Abzeichenfarbe vor 1881	Bezeichnung und Verschmelzung von 1881	Abzeichenfarbe 1881
26.	gelb	1. Bat. Scottish Rifles (90.) gegründet 1881	grün
27.	chamoisfarben	1. Bat. Royal Inniskilling Fus. (108.)	blau
28.	gelb	1. Bat. Gloucestershire (61.)	weiß
29.	gelb	1. Bat. Worcestershire (36.)	weiß
30.	gelb	1. Bat. East Lancashire (59.)	weiß
31.	chamoisfarben	1. Bat. East Surrey (70.)	weiß
32.	weiß	1. Bat. Duke of Cornwall Light Infantry (46.)	weiß
33.	scharlachrot	1. Bat. West Riding (76.)	weiß
34.	gelb	1. Bat. Border (55.)	weiß
35.	blau	1. Bat. Royal Sussex (107.)	blau
36.	grün	2. Bat. Worcestershire (29.)	weiß

GROSSBRITANNIEN LINIEN-INFANTERIE (III)

1. Soldat des 33. oder »West Riding Regiment«, mit der neuen Uniform von 1868 und dem neuen Tschako 1869–1878. Gepäck und Ausrüstung waren wie bei Abb. 7 gezeigt. Eine kurze Zeitlang waren die Patronentaschen schwarz. – 2. Soldat des 16. oder »Bedfordshire Regiment«, 1871. Eine Treffel schmückt die Ärmelaufschläge, die man für zu kahl gehalten hatte. Seit 1860 die Elite-Kompanien abgeschafft wurden, waren die Schulterklappen in der Abzeichenfarbe gehalten, mit aufgestickter Nummer. – 3. Gefreiter des 46. oder »South Devonshire Regiment«, 1873. Die Schulterklappen werden bei allen scharlachrot, mit der Nummer in Kupfer. Der rote Pompon, den die Leichte Kompanie seit 1777 in Amerika tragen durfte, wurde bei der Abschaffung der Elite-Kompanien 1860 vom ganzen Regiment übernommen, wobei der Pompon in der ganzen Linien-Infanterie weiß und rot wurde. – 4. Offizier des 31. oder »Huntingdonshire Regiment«, 1868. Abgesehen vom Tschako, sah die Uniform zwischen 1856 und 1880 im allgemeinen gleich aus. – 5. Soldat des 45. oder »Nottinghamshire Regiment«, 1874, mit dem Gepäck 1871–1888. Man erkennt die Lagermütze, den »glengarry«. – 6. Soldat des 37. oder »North Hampshire Regiment«, 1878, mit dem Gepäck 1873–1888. Der »universal pattern«-Helm hat den Tschako abgelöst. Das badge am Kragen wurde 1876 eingeführt. – 7. Sergeant des 15. oder »York East Riding«, 1880, mit dem veralteten, »valise equipment« genannten Gepäck von 1866–1873, das bis 1888 noch häufig anzutreffen war. Die Vorderansicht ist in den Abb. 1, 2 und 3 gezeigt. – 8. Fahnen-Feldwebel der »Sherwood Foresters« oder »Derbyshire Regiment« (45. und 95. Regiment), 1894. Er trägt das Slade-Wallace-Gepäck 1888–1903, das von vorn in der folgenden Abb. gezeigt ist. – 9. Soldat des »East Surrey Regiment« (31. und 70. Regiment), 1894. Die weiße Abzeichenfarbe tragen alle – englischen und walisischen – nichtköniglichen Regimenter seit 1880 gemeinsam. – 10. Unteroffizier des 7. Regiments der Royal Fusiliers, 1894. Er trägt die Pelzmütze der Füsiliere und die dunkelblaue Abzeichenfarbe, die den königlichen Regimentern vorbehalten war.
11. Helmbeschlag 1878 (Truppe). Abgesehen von etwa zwanzig Regimentern, denen das Tragen eines besonderen Emblems über der Nummer gestattet war, durften

1
2
3
4
5
11
12
13
14
24
57
6
7
8
9
10
L.&F. FUNCKEN

Numerierung vor 1881	Abzeichenfarbe vor 1881	Bezeichnung und Verschmelzung von 1881	Abzeichenfarbe 1881
37.	gelb	1. Bat. Hampshire (67.)	weiß
38.	gelb	1. Bat. South Staffordshire (80.)	weiß
39.	grün	1. Bat. Dorsetshire (54.)	weiß
40.	chamoisfarb.	1. Bat. Prince of Wales' Volunteers oder South Lancashire (82.)	weiß
41	weiß	1. Bat. Welsh (69.)	weiß
42.	blau	1. Bat. Black Watch oder Royal Highlanders (73.)	blau
43.	weiß	1. Bat. Oxfordshire Light Infantry (52.)	weiß
44.	gelb	1. Bat. Essex (56.)	weiß
45.	grün	1. Bat. Sherwood Foresters oder Derbyshire (95.)	weiß
46.	gelb	2. Bat. Duke of Cornwall's Light Infantry (32.)	weiß
47.	weiß	1. Bat. North Lancashire (81.)	weiß
48.	chamoisfarb.	1. Bat. Northamptonshire (58.)	weiß
49.	grün	1. Bat. Princess Charlotte of Wales', Berkshire im Jahre 1886 (66.)	weiß, dann blau 1886
50.	blau	1. Bat. Queen's Own, Royal West Kent im Jahre 1886 (97.)	weiß, dann blau 1886
51.	blau	1. Bat. King's Own Light Infantry oder South Yorkshire (105.)	weiß
52.	chamoisfarb.	2. Bat. Oxfordshire Light Infantry (43.)	weiß
53.	scharlachrot	1. Bat. King's Light Infantry oder Shropshire (85.)	blau
54.	grün	2. Bat. Dorsetshire (39.)	weiß
55.	grün	2. Bat. Border (34.)	weiß
56.	purpur	2. Bat. Essex (44.)	weiß
57.	gelb	1. Bat. Duke of Cambridge's Own oder Middlesex (77.)	weiß
58.	schwarz	2. Bat. Northamptonshire (48.)	weiß
59.	weiß	2. Bat. East Lancashire (30.)	weiß
60.	scharlachrot	King's Royal Rifle Corps	scharlachrot
61.	chamoisfarb.	2. Bat. Gloucestershire (28.)	weiß
62.	chamoisfarb.	1. Bat. Duke of Edinburgh's oder Wiltshire (99.)	weiß
63.	grün	1. Bat. Manchester (96.)	weiß
64.	schwarz	1. Bat. Prince of Wales' oder North Staffordshire (98.)	weiß
65.	weiß	1. Bat. York and Lancaster (84.)	weiß
66.	grün	2. Bat. Princess Charlotte of Wales' oder Berkshire i.J. 1886 (49.)	weiß, dann blau 1886
67.	gelb	2. Bat. Hampshire (37.)	weiß
68.	grün	1. Bat. Durham Light Infantry (106.)	weiß
69.	grün	2. Bat. Welsh (41.)	weiß
70.	schwarz	2. Bat. East Surrey (31.)	weiß
71.	chamoisfarb.	1. Bat. Highland Light Infantry (74.)	gelb
72.	gelb	1. Bat. Seaforth Highlanders (78.)	gelb
73.	grün	2. Bat. Black Watch oder Royal Highlanders (42.)	blau

die Regimenter nur ihre Nummer führen. – 12. Helmbeschlag, 1878 (Offiziere). Er bestand aus zwei oder drei zusammengesetzten Stücken und war viel feiner ausgearbeitet als beim Soldaten. – 13. Beschlag des Modells 1881 (Truppe). Beim Cardwell-System waren die Nummern durch Namen ersetzt und allen Regimentern Embleme gestattet worden. Die neue Bezeichnung trat an die Stelle der Devise des Hosenbandordens, die bis dahin benutzt worden war. – 14. Beschlag des Modells 1881 (Offiziere). Hier hatte man die Devise beibehalten, und die neue Bezeichnung stand auf einer silbernen Banderole unten auf dem Beschlag.
Die Regimenter, die den Titel »royal« führen durften, trugen ihre Nummer oder ihr badge auf rotem Grund.

GROSSBRITANNIEN
LINIEN-INFANTERIE (IV)
KARABINIERS (RIFLES)

1. »Rifle Brigade« auf der Krim, 1856. – 2. »Rifle Brigade« auf der Krim, 1856, mit Lagermütze. – 3. Offizier und Soldat des 60. Regiments oder »King's Royal Rifle Corps«, 1860. – 4. »Rifle Brigade«, 1869 – 5. »Rifle Brigade«, 1886. Im Jahre 1878 trat der »Universal«-Helm an die Stelle des »busby«, der jedoch nach 1890 wieder aufkam. – 6. Offizier des »King's Royal Rifle Corps«, 1895. – 7. »King's Royal Rifle Corps«, 1895. – 8. »Royal Irish Rifles«, 1897. Dieses irische Regiment wurde im gleichen Jahr wie die schottischen Karabiniers der Abb. 9 aufgestellt. – 9. »Scottish Rifles«, 1892. Die »Cameronians«, die 1881 zu Karabiniers umgebildet wurden, trugen zunächst den »Universal«-Helm und die »Black Watch«-Hose (siehe 2. Bildtafel zur schottischen Infanterie, Abb. 6).
Da das Dunkelgrün unter Lichteinwirkung schnell ausblich, färbte man den Stoff immer dunkler ein, bis 1896 ein reines Schwarz erreicht wurde. Im Jahre 1900 konnte man aufgrund eines neuen Färbeverfahrens endlich das gewünschte Dunkelgrün in tadelloser Lichtechtheit herstellen.

1
2
3
4
5
6
7
8
9
L. & F. FUNCKEN

Numerierung vor 1881	Abzeichenfarbe vor 1881	Bezeichnung und Verschmelzung von 1881	Abzeichenfarbe 1881
74.	weiß	2. Bat. Highland Light Infantry (71.)	gelb
75.	gelb	1. Bat. Gordon Highlanders (92.)	gelb
76.	scharlachrot	2. Bat. Duke of Wellington's oder West Riding (33.)	weiß
77.	gelb	2. Bat. Duke of Cambridge's Own oder Middlesex (57.)	weiß
78.	chamoisfarb.	2. Bat. Seaforth Highlanders (72.)	gelb
79.	blau	Queen's Own Cameron Highlanders (königlich seit 1873)	blau
80.	gelb	2. Bat. South Staffordshire (38.)	weiß
81.	chamoisfarb.	2. Bat. Loyal North Lancashire (47.)	weiß
82.	gelb	2. Bat. Prince of Wales' Volunteers oder South Lancashire (40.)	weiß
83.	gelb	1. Bat. Royal Irish Rifles (86.) aufgestellt 1881	grün
84.	gelb	2. Bat. York and Lancaster (65.)	weiß
85.	blau	2. Bat. King's Light Infantry oder Shropshire (53.)	blau
86.	blau	2. Bat. Royal Irish Rifles (83.) aufgestellt 1881	grün
87.	blau	1. Bat. Princess Victoria's oder Royal Irish Fusiliers (89.)	blau
88.	gelb	1. Bat. Connaught Rangers (94.)	grün
89.	schwarz	2. Bat. Princess Victoria's oder Royal Irish Fusiliers (87.)	blau
90.	chamoisfarb.	2. Bat. Cameronians oder Scottish Rifles (26.) aufgestellt 1881	grün
91.	gelb	1. Bat. Princess Louise's od. Sutherland and Argyll Highlanders (93.)	gelb
92.	gelb	2. Bat. Gordon Highlanders (75.)	gelb
93.	gelb	2. Bat. Princess Louise's od. Sutherland and Argyll Highlanders (91.)	gelb
94.	grün	2. Bat. Connaught Rangers (88.)	grün
95.	gelb	2. Bat. Sherwood Foresters od. Derbyshire (45.)	weiß
96.	gelb	2. Bat. Manchester (63.)	weiß
97.	himmelblau	2. Bat. Queen's Own oder Royal West Kent (1886) (50.)	weiß, dann blau 1886
98.	weiß	2. Bat. Prince of Wales' oder North Staffordshire (64.)	weiß
99.	gelb	2. Bat. Duke Edinburgh's oder Wiltshire (62.)	weiß
100.	blau	1. Bat. Prince of Wales' Leinster oder Royal Canadians (109.)	blau

Die folgenden Regimenter, die der Ostindischen Kompanie gehörten, kamen im Jahre 1861 hinzu:

LINIEN-INFANTERIE (V) FELDUNIFORM IN DEN KOLONIEN

1. Soldat des 31. oder »Huntingdonshire Regiment«, das 1845 am Sikh-Krieg in Indien teilnahm. Er trägt Jacke und Kopfbedeckung der Kleinen Uniform. Im Sommer war die Hose weiß. – 2. 53. oder »Shropshire Regiment« während des Sepoy-Aufstandes, 1857. 3. Unteroffizier des 35. oder »Royal Sussex Regiment« im Birma, 1855. Diese vereinfachte Uniform aus weißem Leinen wurde bei Hitze getragen. – 4. Offizier und Soldat des 58. oder »Rutlandshire Regiment« während des Zulu-Kriegs, 1879. Der Helmbeschlag wurde im Felde im allgemeinen abgenommen. Die hier getragene Kleidung ist die »patrol jacket«. – 6. Soldat des 24. Regiments, 1879. Der Beschlag wurde auf den Feldzügen abgenommen, der Helm blieb nicht lange weiß und man färbte ihn mit Kaffee. – 7. 13. oder »Somersetshire Regiment« (Leichte Infanterie), 1879, mit dem leichteren Gepäck und aufgerolltem Mantel. Zu sehen ist die »glengarry«-Lagermütze des allgemeinen Modells (siehe Abb. 9). – 8. Felduniform in Indien, 1880. Die schwarze zusätzliche Patronentasche, die »expense pouch« genannt wurde, wurde in erster Linie im Kampf benutzt. Manchmal wurde sie auch zur Großen Uniform getragen.
9. Lagermütze, der sogenannte »glengarry«, der 1874–1894 zur Ausgehuniform getragen wurde. Das häufigste badge war der gekrönte Hosenbandorden mit der Nummer in der Mitte; es gab aber auch viele andere Formen, zum Beispiel die Granate, ein bei den Füsilierregimentern sehr geschätztes Symbol. Da im Jahre 1881 der Helmbeschlag mit einem besonderen Emblem versehen worden war, wie wir auf Bildtafel III der Linien-Infanterie gesehen haben, bekam der glengarry anstelle der Nummer das gleiche Abzeichen. – 10. Lagermütze, genannt »side-cap«, eingeführt 1894. Da die freie Oberfläche sehr viel kleiner war, konnte kein badge wie auf dem glengarry verwandt werden. Eine Zeitlang benutzte man das Abzeichen des Kragens, dann wurden 1898 besondere badges geliefert. Es gab eine Vielzahl solcher Abzeichen, da jedes Regiment offensichtlich mit keinem anderen verwechselt werden wollte. Diese erstaunlich moderne Kopfbedeckung, die uns noch vertraut ist, wurde zwischen 1902 und 1904 durch die

1
2
3
4
9
5
6
10
7
8
L. & F. FUNCKEN

101.	blau	1. Bat. Royal Munster Fusiliers (104.)	blau
102.	blau	1. Bat. Royal Dublin Fusiliers (103.)	blau
103.	blau	2. Bat. Royal Dublin Fusiliers (102.)	blau
104.	blau	2. Bat. Royal Munster Fusiliers (101.)	blau
105.	chamoisfarb.	2. Bat. King's Own Light Infantry od. South Yorkshire (51.)	weiß
106.	weiß	2. Bat. Durham Light Infantry (68.)	weiß
107.	weiß	2. Bat. Royal Sussex (35.)	blau
108.	gelb	2. Bat. Royal Inniskilling Fusiliers (27.)	blau
109.	weiß	2. Bat. Prince of Wales' Leinster oder Royal Canadians (100.)	blau
–	schwarz	Rifle Brigade oder Prince Consort's Own	schwarz

Die Verringerung der Abzeichenfarben, die noch heute als das Werk von Bürokraten hingestellt wird, betrübte viele Soldaten, die an ihrem »facing« hingen, doch zwei verschiedene Farben in zahlreichen Regimentern, die durch die Zusammenlegung von 1881 geschaffen worden waren, hätten zu unangenehmen Komplikationen führen können, wie man wohl einräumen muß.

Wenn das Cardwell-System unstreitig auch Unzufriedene schuf, ermöglichte es doch, ein Bataillon »at home« zu behalten, während das andere in den Kolonien stationiert war und die nötigen Verstärkungen und Ersatz verfügbar hatte. Im schlimmsten Falle war durch diese Maßnahme sichergestellt, daß es immer ein vollzähliges Bataillon in jedem Regiment gab, das, abgesehen vom Regionsnamen, jeweils in einem fest umrissenen Gebiet aushob.

Zum Ausgleich erhielten die Regimenter ein besonderes Kennzeichen anstelle der Nummer, die bis dahin auf dem Helmbeschlag gestanden hatte. Dennoch gaben einige Unverbesserliche nie auf und 19 Regimentern gelang es noch kurz vor Ausbruch des Ersten Weltkrieges, ihre Abzeichenfarbe zurückzubekommen.

Den Schöpfer dieser unpopulären Reform könnte man auf den ersten Blick für einen Despoten halten, während in Wahrheit Edward Cardwell buchstäblich seine politische Karriere und seine Gesundheit aufs Spiel setzte, um seine Überlegungen durchzusetzen.

Der 1813 geborene Viscount Cardwell wurde berühmt, nachdem er 1868 das War Office (Kriegsministerium) übernommen hatte und es unternahm, die seit 1677 geltende Käuflichkeit offener Offiziersstellen und hoher Kommandoränge in der Armee abzuschaffen und die Auswahl sowie die Beförderung der Offiziere nur nach ihren Verdiensten zu treffen.

Die Reformen von 1881, die heftig diskutiert und bekämpft wurden, ermöglichten die Aufstellung einer echten Reserve und erhöhten die Stärke, Schlagkraft und Einsatzbereitschaft des Heeres. Gleichzeitig wurde die Dienstverpflichtung auf kurze Zeit eingeführt und die Stellung des Soldaten verbessert[1].

häßliche »broderick cap« ersetzt, die der deutschen Infanterie-Mütze nachempfunden war. Die Soldaten fanden sie abscheulich, so daß sie bald wieder verschwand.

GROSSBRITANNIEN TROMMLER UND MUSIKER (LINIE)

1. und 2. »Königliche« Fahne und »Regimentsfahne« des »Border Regiment« (34. und 35. Infanteriereg.) 1880. Abmessungen: 112,5 cm × 90 cm.
3. Trommler des 19. Regiments auf der Krim, 1854. – 4. Musiker der »rifles«, 1860. – 5. Große Trommel des 5. Regiments der »Northumberland Fusiliers« gegen 1900. Der rot-weiße Busch war dem Regiment 1778 zugestanden worden als Erinnerung an seinen Sieg über einen zahlenmäßig neunmal so starken Feind. Das St. Patricksfest bot Gelegenheit, daß das Ruhmessymbol nicht mehr nur auf der Mütze, sondern auch als weiße und rote Rosen auf dem Instrument getragen wurde. – 6. Musiker des 46. oder »South Devonshire Regiment«, 1856. Wir haben bereits gesehen, daß der rote Busch, den dieses Regiment trug, eine Ausnahme darstellte. – 7. Trompeter des »King's Royal Rifle Corps«, 1895. – 8. Tambour-Major des 23. Regiments, »Royal Welsh Fusiliers«, gegen 1900. Seine Pelzmütze ist, wie die Offizierspelzmütze, fast so hoch wie die der Grenadiere. Der hier nicht sichtbare berühmte »flash« aus schwarzen Bändern, ein Privileg des 23., wurde seit 1900 von allen Mitgliedern des Regiments getragen (s. unser Band I, S. 119, Abb. 18). Er ist immer noch üblich. – 9. Trommler eines »königlichen« Regiments um 1900. Trompeter und Trommler hatten auf dem Rücken einen Litzenbesatz, der dem der Garde ähnelte, jedoch mit roter Krone und ohne Lilie (siehe Doppelbildseite der Garde). – 10. Musiker des 12. oder »Suffolk Regiment« um 1900. Obgleich die Heeresreform von 1881 den englischen und walisischen Regimentern Weiß als Abzeichenfarbe vorgeschrieben hatte, schafften es einige, ihre eigene Farbe wiederzuerlangen, so auch das 12. Linien-Reg. Die spitzen Ärmelaufschläge setzten sich gegen Ende der langen Regierungszeit der Königin Viktoria, die 1901 starb, wieder durch.

1. Cardwell, dessen Gesundheit durch die Anfeindungen von seiten seiner politischen Gegner und der verbissenen Arbeit untergraben war, mußte wenig später alle Tätigkeit einstellen.

1
2
3
4
5
6
7
8
9
10
L. & F. Funcken

Linien-Kavallerie

Dragoon Guards

Wie überall sonst auch, hatte die Linien-Kavallerie den veralteten »coatee« gegen den neuen Waffenrock vertauscht, der aus den Erfahrungen des Krimkriegs entstanden war.

Mit Ausnahme der Household Cavalry, die als Stiefel noch immer die hochglänzenden »jack boots« trug, hatte die Kavallerie die mit schwarzbraunem Leder besetzte lange Reithose – bis 1871, als die klassischen Stiefel aufkamen. Der rote Mantel der schweren Linien-Kavallerie wurde schon 1859 dunkelblau.

Der neue Helm des Modells 1847[1] mit dem kettenbesetzten Kinnriemen ähnelte stark dem Helm der Garde. Ab 1855 bekam er Roßschweife als Abzeichen:

Regiment	Abzeichenfarbe
1., »The King's Regiment of Dragoon Guards«	rot
2., »The Queen's Regiment of Dragoon Guards«	schwarz
3., »Prince of Wales' Rgt of Dragoon Guards«	schwarz und rot
4., »Royal Irish Rgt of Dragoon Guards«	weiß
5., »Princess Charlotte of Wales' Rgt of D.G.«	rot und weiß
6., »The Carabiniers«	schwarz, ab 1873 weiß
7., »Princess Royal's Rgt of Dragoon Guards«	schwarz und weiß

Im Jahre 1851 wurde das 6. Regiment, »The Carabiniers«[2] genannt, plötzlich zu einem Regiment Leichter Kavallerie umgebildet, jedoch ohne daß es seinen Obersten oder das Schatzamt sehr teuer gekommen wäre: Es behielt den Helm der Schweren Kavallerie und den dunkelblauen »coatee« und trug diese Kleidung wie eine Auszeichnung. Die Tunika von 1856 blieb blau, aber mit erstaunlichen gelben Tressen besetzt, und wenn sie auch die Patronentasche der Leichten Kavallerie trugen, ließen sie doch das Bandelier stillschweigend verschwinden und kamen 1864 auf das alte Modell zurück. 1864 verschwanden auch die gelben Tressen. Dennoch behielt das 6. Regiment die Tressen auf der Schulter und die Verzierungen der Ärmelaufschläge in gleicher Farbe, während seine »Litze« traditionell weiß[3] war. Weitere Besonderheit dieses Regiments: seine Kniehose mit zwei weißen Bändern, wie sie auch bei der Leichten Kavallerie gebräuchlich waren, sowie die abgerundete Schabracke der Leichten Kavallerie.

GROSSBRITANNIEN
SCHOTTISCHE INFANTERIE (I)

1. »Royal Highlanders« (Black Watch) (42. und 73. Regiment), Gefreiter in Marschuniform, 1895. Der rote Federbusch war ein Privileg, das dem Regiment, wie wir bereits sagten, 1795 zugestanden worden war. – 2. Desgleichen, Felduniform im Sudan, 1882–1885. – 3. »Royal Scots« (1. Regiment), Soldat in Marschuniform, 1895. – 4. »Gordon Highlanders« (75. und 92. Regiment) Paradeuniform, 1895. – 5. »King's Own Borderers« (25. Regiment), Fahnen-Feldwebel, 1895. Der »universal tartan« wurde 1898 durch den Leslie (a) ersetzt. Das Rangabzeichen des neuen Modells von 1868 wurde nur mehr auf dem rechten Arm getragen (vergleiche Abb. 3 der folgenden Bildtafel). – 6. »Princess Louise's Argyllshire Highlanders« (91. und 93. Regiment), Gefreiter zur Zeit des Krimkriegs, 1854. Das rotweiß karierte Band war typisch. – 7. Desgleichen, Felduniform zur Zeit des Sepoy-Aufstandes in Indien, 1857.
Alle Tartans sind detailliert in Band I dargestellt.

1. Siehe Entwicklung des Helms im Kapitel über die Dragoner.
2. Schon 1688 getragener Titel (siehe unser Buch »Historische Uniformen, 18. Jahrhundert«, Band II, S. 46).
3. Bezüglich der Abzeichenfarbe und der Litze der Dragoon Guards siehe »Historische Uniformen 19. Jahrhundert«, Band I, S. 104. Im Jahre 1871 bekam das 2. Regiment sein »buff« (chamoisfarben) aus dem vorhergehenden Jahrhundert zurück, anstelle des Schwarz (siehe »Historische Uniformen, 18. Jahrhundert«, Band II. S. 51, Abb. 8 und 9).

1
2
3
4
5
a
6
7
L. & F. Funcken

Dragoner

Die Dragoner, von denen es seit 1818 nur noch drei Regimenter gab – das 1., 2. und 6. –, bekamen Uniformen, die sich an den Vorschriften für die Dragoon Guards ausrichteten.

Das 2. Regiment, die »Scots Greys«[1], trug weiterhin die Pelzmütze, während das 1. und das 6. Regiment Helme mit Roßschweifen hatten, die seit 1855 schwarz beim 1. und weiß beim 6. waren.

Dragoner und Dragoon Guards erhielten 1871 einen vereinfachten Helm, der mit verschiedenen Beschlägen ausgestattet war. Sie wechselten häufig im Laufe der Jahre und erreichten 1884 schließlich eine vollkommene Harmonie. Die Dragoon Guards führten eine Nummer aus weißem Metall auf dunklem Grund in der Mitte des messingfarbenen Hosenbandordens, der wiederum auf einem Stern aus Weißmetall lag; das 1. und das 6. Dragoner-Regiment hatten identische Beschläge, jedoch mit umgekehrten Metallfarben.

Light Dragoons

Die letzten vier Regimenter Leichte Dragoner bekamen ihrerseits den modernen Waffenrock von 1855, nannten ihn jedoch beharrlich »hacket«.

Der neue Tschako französischen Stils behielt den Schmuck, den der alte gehabt hatte, doch zeigte der Federbusch – wie bei den »heavies« – verschiedene Farben.

Regiment	Kragen u. Aufschläge	Federbusch	Doppelter Hosenstreifen
3., »King's Own L. D.«	rot	schwarz u. weiß	gelb
4., »Queen's Own L. D.«	rot	scharlachrot	gelb
13., »13th L. D.«	chamoisfarb.	weiß	chamoisfarben
14., »King's L. D.«	rot	rot und weiß	gelb

Im Jahre 1861 wurden alle vier Regimenter zu Husaren umgewandelt, wo sie, wie üblich, dieselben Nummern führten.

Lancers (Ulanen)

Zu den vier Regimentern, die an ihren eleganten Tschapkas leicht zu erkennen waren, kam im Jahre 1858 ein fünftes hinzu: Es war das alte 5. Dragoner-Regiment (das »Royal Irish«), das 1799 aus der »Army List« gestrichen war und sich aufgelöst hatte. Seine Abzeichenfarbe war Scharlachrot.

GROSSBRITANNIEN
SCHOTTISCHE INFANTERIE (II)

1. »Queen's Own Cameron Highlanders« (79. Regiment), Oberfeldwebel, 1896. Die niedrigeren Unteroffiziere hatten Gold weder am Kragen noch an den Knopflöchern. Abbildung a, Rückansicht des »doublet« (Offiziere). Bei der Truppe war das Gold durch Weiß ersetzt. Bei den Offizieren der Regimenter Seaforth, Gordon und Sutherland and Argyll war der obere Rand der Ärmelaufschläge mit weißer Litze besetzt. – 2. »Highland Light Infantry« (71. und 74. Regiment), Felduniform in Südafrika, 1851. Dies war einer der ersten Versuche, die Uniform dem tropischen Klima anzupassen. – 3. Desgleichen, Fahnen-Feldwebel in Winteruniform für die Krim, 1855. Auf dem linken Arm saßen drei weiße Winkel. – 4. Desgleichen, Offizier, 1895. Die beiden, zu einem Regiment verschmolzenen Einheiten übernahmen den Mackenzie-Tartan bei Einführung des Cardwell-Systems: Die Regimenter wurden paarweise zusammengelegt und bildeten jeweils das 1. und das 2. Bataillon eines neuen Regiments, das mit einem Namen und nicht mehr mit einer Nummer bezeichnet wurde. Das Schwert mit dem kreuzförmigen Korb war eine Eigentümlichkeit der Offiziere der schottischen Leichten Infanterie und gehörte auch zur Kleinen Uniform der Offiziere des »Royal Scots Fusiliers«. – 5. »Royal Scots Fusiliers« (21. Regiment), Offizier, 1895. – 6. »The Cameronians« (»Scottish Rifles«, 26. und 90. Regiment), Soldat in Großer Uniform, 1861. Das Regiment wurde später zum »rifle regiment« umgebildet (siehe Bildtafel der Karabiniers, Abb. 9). – 7. »Seaforth Highlanders« (72. und 78. Regiment), Gefreiter in Marschuniform, 1895. – 8. Desgleichen, Dienstuniform im Sudan, 1898. – 9. Korb des claymores der Offiziere, gegen 1835 eingeführtes Modell. Im offiziellen Erlaß wurde irrtümlich als »claymore« – zweihändiges Schwert – bezeichnet, was in Wirklichkeit ein »claybeg«, in gälischer Sprache, war. Dieser Irrtum ist heute in den Hirnen fest verankert ... sogar bei den schottischen Truppen!
Alle Tartans sind detailliert in Band I dargestellt worden. Das badge wurde 1881 übernommen.

1. Siehe »Historische Uniformen 19. Jahrhundert«, Band I, S. 106, Bildlegende zu Abb. 2.

a
1
2
3
4
5
6
7
8
9

Aufgrund der Erfahrungen des Krimkriegs wurde die Tschapka kleiner und einfacher gemacht, sie erhielt außerdem 1857 einen Federbusch in verschiedenen Regimentsfarben. Der neue, zweireihig geknöpfte Waffenrock besaß umklappbare Rockaufschläge (Rabatten) in der Abzeichenfarbe, die sich bei der Großen Uniform wie eine Art Falter von der dunkelblauen Grundfarbe des Rocks abhoben[1].

Regiment	Abzeichenfarbe	Federbusch
5., »Royal Irish Lancers«	rot	grün
9., »Queen's Royal Lancers«	rot	schwarz und weiß
12., »Prince of Wales' Royal L.«	rot	rot
16., »The Queen's Lancers«	blau	rot und weiß, 1881 schwarz
17., »17th Lancers« (1876: »The Duke of Cambridge's Own«)	weiß	weiß, 1874 schwarz, 1883 weiß
21., »21st Lancers« (bis 1896 Husaren und 1898 »The Empress of India's«	grau	weiß

Die Offiziere trugen zur Großen Uniform zwei Goldstreifen auf der Hose. Bei der Kleinen Uniform waren sie rot, bald darauf gelb wie bei der Truppe, ausgenommen das 17. Regiment, das stets Weiß behielt.

Die Stiefel wurden, hier wie anderswo, seit 1871 getragen. Und um die gleiche Zeit wurden die innen farbigen Rockaufschläge durch ein doppelseitiges Brustteil ersetzt, das auf der einen Seite dunkelblau und auf der Kehrseite in Abzeichenfarbe gehalten war.

Die Lanze hätte seit 1868 aus Bambus gefertigt sein sollen, aber es wurde sehr schnell wieder Eschenholz verwendet.

Wir haben bereits erwähnt, daß die im Krimkrieg getragene Tschapka 1856 durch ein deutlich kleineres Modell ersetzt wurde. Die Beschläge jedoch waren zu allen Zeiten äußerst sorgfältig gearbeitet und gehörten zu den phantasievollsten überhaupt.

Husaren

Bis zum Jahre 1858 gab es nur das 7., 8., 10., 11. und 15. Husaren-Regiment. Auf der Krim führten die beiden am Krieg teilnehmenden Regimenter, das 8. und das 11., keine Schabracken, darüber hinaus besaß das erstere dort keinen Pelz, weil ein Transport nicht angekommen war.

Bei den Husaren gibt es viele Abweichungen in der Kleidung. So widersteht beim 10. Regiment der Tschako erfolgreich dem busby und bleibt darüber hinaus beim 15. bis 1856 rot. Und anstelle eines einzelnen gelben Streifens an der Hose sind es zwei beim 1. und 11. Regiment, beim letzteren auf einer karmesinroten Hose.

GROSSBRITANNIEN RANGABZEICHEN

Linien-Infanterie:
1. Höherer Offizier im Waffenrock 1856–1868, dessen Kragen die Rangabzeichen nach einem sehr unbefriedigenden Kode trug. Bei den Subaltern-Offizieren, die keine Sporen hatten, war die Degenscheide mit schwarzem Leder überzogen. Die Hose war im Winter dunkelgrau. Die Schärpe wurde auf der linken Schulter durch eine karminrote Tresse gehalten. Stehkragen und Ärmelaufschläge in der weißen Abzeichenfarbe waren einem dutzend Regimenter vorbehalten. Was die anderen betrifft, wolle man die Regimentsliste im Text konsultieren. Die weiße Paspel am Kragen und den Aufschlagspatten war dagegen allen Regimentern gemeinsam. – 2. Ränge im Jahre 1855: a. Oberst; b. Oberstleutnant; c. Major; d. Hauptmann; e. Oberleutnant; f. Leutnant. Der letztere, der »ensign«, erhielt seinen Namen von der Fahne, die er früher einmal tragen mußte. Im Jahre 1871 wurde ihm der Titel eines »second Lieutenant« (Leutnant) verliehen. Sein Kamerad in der Kavallerie, der Kornett (»cornet«), der aus den gleichen Gründen so hieß – die Kornette war die Standarte der Kavallerie –, wurde 1871 ebenfalls second lieutenant (Leutnant). – 3. Offizier im Waffenrock 1868–1902 und das 1880 eingeführte Rangabzeichensystem. Die Schärpe der Großen Uniform war identisch mit der Schärpe von Abb. 1. Der Helm wurde seit 1878 getragen. Das Regimentsabzeichen erschien seit 1876 auf dem Kragen. – 4. Rangabzeichen 1880: a. Oberst; b. Oberstleutnant; c. Major; d. Hauptmann; e. Oberleutnant; f. Leutnant. Bis 1881 wurde die Abzeichenfarbe am Kragen und den Ärmelaufschlägen getragen, sie wurde dann aber bei der ganzen englischen und walisischen Linien-Infanterie durch Weiß ersetzt, ausgenommen die Regimenter, die den Titel »Royal« führen durften und dunkelblau als Abzeichenfarbe hatten.
Der Dienstgrad »enseigne« (franz.) oder »ensign« (engl.) bedeutet wörtlich übersetzt Fähnrich, entspricht aber im Dienstgrad dem heutigen Leutnant. In den Armeen des 18. und 19. Jahrhunderts (in

1. Ausgenommen das 16. Regiment, das, wie wir bereits wissen, das einzige war, das einen roten Waffenrock trug (siehe »Historische Uniformen 19. Jahrhundert«, Band I, S. 112–114).

2
a
b
c
d
e
f
4
a
b
c
d
e
f
1
3
7
a
b
c
d
e
f
g
h
5
6
8
a
b
c
d
e
f
g
h
L. & F. FUNCKEN

Die Federbüsche, die im allgemeinen weiß mit roter Wurzel waren, wurden 1857 durch Erlaß geregelt: 7. weiß, 8. weiß auf rot, 10. weiß auf schwarz, 11. weiß auf karmesinrot, 15. rot.

Im Jahre 1861 wurde schließlich ein neuer Waffenrock, »jacket« genannt, ohne jedes Abzeichen, doch mit sechs gelben Tressenreihen beschnürt, eingeführt, der den Rock mit Kragen und Aufschlägen in der Abzeichenfarbe ersetzte.

Da zwischen 1858 und 1861 die Zahl der Regimenter auf 13 erhöht wurde, mußte man sich zu neuen, am Flügel des Kolpaks erkennbaren Abzeichenfarben entschließen; so kam es zum »busby«.

Das 18. Husaren-Regiment wurde 1859 wiederaufgestellt, dann kamen die alten europäischen Regimenter mit den Nummern 19, 20 und 21 der ehemaligen Ostindien-Kompanie im Jahre 1860 hinzu. Schließlich, wie bereits weiter oben ausgeführt, wurden 1861 das 3., 4., 13. und 14. Regiment Light Dragoons zu den Husaren überstellt.

Regiment	Flamme	Federbusch
3., »King's Own Hussars«	himmelblau	weiß
4., »Queen's Own Hussars«	gelb	rot
7., »Queen's Own Hussars«	rot	weiß
8., »King's Royal Irish Hussars«	rot	weiß auf rot
10., »Prince of Wales' Own Royal Hussars«	rot	weiß auf schwarz
11., »Prince Albert's Own Hussars«	karmesinrot	weiß auf karmesinrot
13., »13th Hussars«	chamoisfarben	weiß
14., »King's Hussars«	gelb	weiß
15., »King's Hussars«	rot	rot
18., Victoria Mary, Princess of Wales' Own Hussars	grün, 1883 dunkelblau	grün, 1883 weiß auf rot
19., »Queen Alexandra's Own Royal Hussars«	weiß	weiß
20., »20th Hussars«	karmesinrot	karmesinrot, 1892 gelb
21., »21st Hussars« (1897 zu Lancers umgebildet)	grau	weiß

Trotz allem gab es noch Ausnahmen, und das 3. Regiment trug einen roten Abzeichenkragen zur Schau, während das 13. Chamois behielt.

Ab 1872 hatte die Truppe keine Schabracke mehr, die Offiziere, mit Ausnahme der Garde-Offiziere, folgten darin im Jahre 1897.

Die Säbeltasche verschwand bei der Truppe im Jahre 1888 und bei den Offizieren 1902.

Wir schließen mit dem Hinweis auf eine letzte Unregelmäßigkeit: Auf dem »busby« der Offiziere des 14. Husaren-Regiments fehlte die »Makronen-Kokarde«.

Preußen bis 1807) war der Fähnrich (bei den Kürassieren und Husaren der Kornett) der jüngste Offizier einer Kompanie bzw. einer Schwadron. Fähnrich und Kornett bezeichneten also nicht wie im heutigen Sprachgebrauch einen Offizier-Anwärter.

Generalstab:
5. General im Waffenrock von 1857. – 6. General mit Waffenrock im Husarenstil, der von 1855 bis 1897 ohne wesentliche Veränderungen getragen wurde. Die Rangabzeichen waren auf den Schulterstücken zu sehen und ergaben sich aus dem mehr oder weniger reichen Schmuck des Kragens und der Ärmelaufschläge. – 7. Zweispitze: a. General; b. Generaladjutant; c. Oberst; d. Verwaltungsoberst; e. Generalstabsarzt; f. Intendanz; g. Generaldirektor der tiermedizinischen Dienste; h. Offizier-Arzt der Kavallerie der königlichen Haustruppen. – 8. Schulterklappen: a. General; b. Generalleutnant; c. Generalmajor; d. Oberst; e. Oberstleutnant; f. Major; g. Hauptmann; h. Oberleutnant. Der Leutnant trug keinerlei Rangabzeichen.

GROSSBRITANNIEN
DRAGOON GUARDS

1. Pauker des 3. Regiments »Prince of Wales« gegen 1900. – 2. 1. Regiment, »King's Dragoon Guards«, in Felduniform in den Kolonien, 1879. – 3. Pauker des 7. Regiments »Princess Royal« gegen 1900. – 4. 4. Regiment »Royal Irish« 1894, mit dem Helm Modell 1871. – 5. 6. Regiment, genannt »The Carabiniers«, gegen 1900. Nachdem es 1851 in ein Regiment der Leichten Kavallerie umgebildet worden war, erhielt es die blaue Uniform der Leichten Dragoner, behielt aber trotzdem den Helm und Säbel der Schweren Kavallerie. Der erste Waffenrock war identisch mit dem des Leichten Dragoners auf Seite 103, Abb. 2. – 6. Soldat des 5. Regiments, 1854. Der Roßschweif wird 1855 rot und weiß. – 7. 5. Regiment »Princess Charlotte of Wales«, Stallkleidung, 1890.

1
2
3
4
5
6
7
L. & F. FUNCKEN

Die Kavallerie im Kampf

Auf dem europäischen Festland ist die berühmteste, aber auch wertloseste Aktion der britischen Kavallerie durch das Kino bekannt geworden: die Aktion der »Leichten Brigade« auf der Krim, bei Balaklawa, am 25. Oktober 1854.

Das 4. und das 13. Leichte Dragoner, das 8. und das 11. Husaren und das 17. Ulanen Regiment griffen in einem tiefen Tal an unter dem ständigen Beschuß von vorn und in der Flanke von 25000 russischen Infanteristen, die von 78 Geschützen und 3400 Reitern unterstützt wurden. Von den 673 Reitern[1] wurden 105 getötet, 131 verwundet und 57 gefangengenommen. Am selben Tag schlug der Angriff der Schweren Brigade, 800 Mann stark, 3000 feindliche Reiter in die Flucht... und wurde vergessen.

In Indien benutzten die Ulanen des 16. Regiments die Lanze zum erstenmal bei Aliwal im Jahre 1846, in Südafrika rächte das 17. im Jahre 1879 bei Ulundi das Massaker, das die wilden Zulus am 24. Infanterie-Regiment begangen hatten.

Der letzte Lanzenangriff des Jahrhunderts sollte im Rahmen der Schlacht von Omdurman im Jahre 1898 gegen die Derwische[2] stattfinden. Er wurde durch das ganze neue 21. Ulanen-Regiment durchgeführt, in dem sich ein junger überzähliger Oberleutnant des 4. Husaren-Regiments befand, der niemand anders als Winston Churchill war. Er bezeugte später, daß die Männer den Wunsch hatten, die Lanze fortzuwerfen, um mit dem Karabiner zu kämpfen, denn der Angriff hatte sie 119 von insgesamt 400 Pferden gekostet!

GROSSBRITANNIEN
DRAGONER

1. 2. Regiment, »Royal Scots Greys«, 1864. – 2. Pauker der »Royal Scots Greys«, 1900. – 3. 1. Regiment, »Royal Dragoons«, 1900. – 4. »Royal Scots Greys«, 1895. – 5. Offizier der »Royal Dragoons«, 1854, mit dem bis 1855 getragenen Rock. – 6. Soldat der »Inniskilling Dragoons«, 1856, mit dem neuen Waffenrock. – 7. Federbuschhalter der »Scots Greys«.
Der »Albert«-Helm, der zunächst ganz vergoldet vorgesehen war (1847), wurde nicht vor 1850 ausgegeben. Aber schon 1855 wurde ein vernickeltes Modell mit Goldbeschlägen für das 1. und das 6. Dragoner-Regiment vorgeschrieben, mit einem Busch aus schwarzem Roßhaar für das erste und aus weißem Roßhaar für das andere.

Fahnen und Standarten

Die Fahne, das beinahe heilige Symbol, war hier wie anderswo stets hoch geachtet worden.

Bei der Parade wurde sie von ihrem »armed party« eingerahmt, der in der Mitte des Regiments marschierte. Dies war ein zusätzlicher Schutz, der daran erinnerte, wie häufig ihre Bewachung sich heldenhaft geschlagen hatte, um sie vor dem Zugriff des Feindes zu retten. Die letzte in den Kampf geführte Fahne war die des 58. Regiments von Rutlandshire, später 2. Bataillon des Regiments Northamptonshire, gegen die Buren bei Laing's Nek im Jahre 1881.

Kurz nach dem Ende der Napoleonischen Kriege verschwand das zentrale herzförmige Motiv. Desgleichen wurden eine Zeitlang die römi-

1. Die am häufigsten genannte Gesamtzahl.
2. Omdurman: Stadt am Nil im Sudan, in der Nähe von Khartum. Sie war die Hauptstadt des Mahdi, des moslemischen religiösen Führers, und seiner Gläubigen oder Derwische geworden, dann aber von den Engländern unter Kitchener wiedereingenommen.

1
2
3
4
5
6
7

schen Ziffern, die die Nummer oder, genauer, den Rang des Regiments angaben, durch arabische Ziffern ersetzt.

Jedes Bataillon hatte stets zwei Fahnen gehabt, ausgenommen die Bataillone der »Rifles«, die gar keine hatten.

Im Jahre 1844 wurde es verboten, die Erwähnungen der »battle honours« auf der »King's«- oder »Queen's colour« oder der »Union flag« mit den wohlbekannten, einander überlagernden Kreuzen einzuschreiben, jedoch konnten diese Erwähnungen auf der »regimental« in der Abzeichenfarbe des Regiments stehen. Wir erwähnen noch, daß die Regimenter mit weißer Abzeichenfarbe alle das große rote Kreuz des heiligen Georgs hatten. Diese Maßnahme betraf nicht die Garde, die weiterhin ihre Erwähnungen im Heeresbericht auf der königlichen Fahne einschrieb.

Im Jahre 1858 wurden die Abmessungen der Fahnen von 1,82 m × 1,88 m auf 0,91 m × 1,12 m verkleinert. Der Fahnenstock bekam als Schmuck eine Krone mit einem Löwen darüber. 1881 verschwand der kleine »Union Jack«, der in der oberen Ecke der Regimentsfahnen auf der Seite des Stockes eingesetzt war[1]. Die Garde-Brigade behielt den alten Gebrauch der karmesinroten »King's colour« sowie des »Union Jack« als zweiter Fahne bei.

Bestimmte Linien-Regimenter besaßen eine dritte Fahne: die »Queen's« und die »Seaforth Highlanders« sowie die »Highland Light Infantry«, in Erinnerung an ihre brillante Haltung bei Assaye in Indien, 1803.

Die Garde-Kavallerie und die Dragoon Guards waren die einzigen, die quadratische Standarten besaßen; von ursprünglich vier pro Regiment verringerte sich die Zahl der Standarten auf eine im Jahr 1858.

Im 18. Jahrhundert maß die Standarte 0,84 m × 0,77 m, im Jahre 1873 wurden die Abmessungen auf 0,85 m × 0,77 m festgesetzt und 1898 auf 0,84 m × 0,75 m.

Schon 1834 verlor die Leichte Kavallerie ihre Standarten. Die Dragoner (1., 2. und 6. Regiment) besaßen ihre nur bis 1858, danach führten sie die zweigespaltene »guidon« in den alten Abmessungen von 1,70 m × 0,68 m, und zwar eine einzige pro Regiment.

Den Husaren und den Ulanen dienten von nun an die Paukenumhänge ein wenig als Standarte.

1. Siehe Band I, S. 119, Abb. 17.

GROSSBRITANNIEN LEICHTE DRAGONER UND LANCERS (ULANEN)

1. 14. Light Dragoons, 1854. Der Tschako mit dem Malteserkreuzbeschlag wurde zur Großen Uniform mit einem herabhängenden Federbusch in Weiß mit roter Wurzel getragen (siehe Abb. 8). Die hier gezeigte graue Hose wurde 1854 erprobt. – 2. 14. Light Dragoons, 1860. Im Jahre 1861 wurden alle vier Regimenter der Leichten Dragoner zu Husaren umgebildet. Siehe Abb. 9, Detail des Tschako. – 3. 17. Lancers, 1854. Das »Totenkopf«-Abzeichen ging auf das Jahr 1758 zurück und war seit 1763 vom 17. Regiment Light Dragoons getragen worden, die 1821 zu Lancers (Ulanen) umgebildet wurden (siehe »Historische Uniformen, 18. Jahrhundert« Band II, sowie Band I des vorliegenden Werks, Seite 110). – 4. Offizier des 17. Lancers, 1865. Die Rabatten ließen sich aufknöpfen und so breit umlegen, wie hier gezeigt wird. – 5. Pauker des 5. Regiments, der »Royal Irish Lancers«, 1900. Dieses Regiment war 1858 entstanden durch Rückgliederung des 5. »Irish Dragoons« in die Ulanenwaffe, das der Rebellion verdächtigt und 1799 aufgelöst worden war. Den Pauker gab es seit 1876. – 6. Lancer des 21. Regiments »Empress of India« (Kaiserin von Indien) im Sudan, 1898. Dieses Regiment war im Jahr zuvor durch Übernahme des 21. Husaren-Regiments in die Ulanenwaffe aufgestellt worden. – 7. Offizier des 9. Regiments, 1900. 8. Tschako der Light Dragoons, der von 1845–1856 getragen wurde, hier Offizierstschako. Die Truppe hatte keine Goldborten und begnügte sich mit einem weißen Roßhaarbusch. – 9. Tschako der Light Dragoons, Modell 1857–1861 für Offiziere. Der Haarbusch war schwarz und weiß beim 3. Regiment; scharlachrot beim 4.; weiß beim 13.; scharlachrot und weiß beim 14. Die Truppe hatte keine goldfarbene Garnitur. Das 3., 4. und 14. Regiment hatte auf der Uniform die Abzeichenfarbe Scharlachrot, das 13. hatte Chamois.

GROSSBRITANNIEN HUSAREN (Seite 105)

1. Unteroffizier des 8. Regiments auf der Krim, 1854–1856. – 2. Husar des 3. Regiments, 1894. – 3. Soldat des 11. Regiments, 1880. – 4. Offizier des 10. Regiments, 1891. Der Busch besteht aus Strau-

8
1
2
3
4
9
QUIS SEPARABIT
5
6
7
L. & F. Funcken

Yeomanry und Volunteers

Typisch englisch ist die Schaffung eines Korps freiwilliger Kavallerie gegen die Invasion französischer Republikaner im Jahre 1794. Seine Mitglieder, Söhne begüterter Bauern und von Gentlemenfarmers, waren traditionell dem Adel der Landlords[1] verbunden, der ihnen die Offiziere stellte. Obgleich wir den »yeomen« und »volunteers« keinen Platz in unseren Bildtafeln einräumen konnten, interessieren Sie doch manchen Leser, so daß wir einige Erklärungen geben wollen.

Der »yeoman«, der zur Bewachung des Königs herangezogen wurde, war stets als gentleman betrachtet worden. Dieser Rang kam sofort nach dem eines »esquire« (Schildknappe), und daß die Bewerber sich auf eigene Kosten ausrüsten mußten, um nach strenger Auswahl in ein »yeomanry«-Regiment aufgenommen zu werden, bot den Behörden Sicherheit genug.

Wenn man einmal von der burlesken Episode von Fishguard bei Bristol absieht, als die »yeomanry« 1797 gegen landende franko-irische Einheiten eingesetzt wurde, hatte sie nur noch Gelegenheit, wenig ruhmreich und manchmal tragisch an der Niederwerfung von Aufständen mitzuwirken. Erst im Jahre 1899 hatte sie im Transvaal-Krieg Gelegenheit, ihre patriotischen Ziele in die Tat umzusetzen.

Im Jahre 1899 gab es 38 Regimenter freiwillige Kavallerie, und zwar 24 Regimenter Husaren, zwölf Regimenter Dragoner, ein Regiment Ulanen und ein Regiment berittene »rifles« (Karabiniers). 10500 Reiter, die zu einem Korps mit Namen »The Imperial Yeomanry« zusammengestellt waren, dienten zwischen Januar und April 1900 in Südafrika, in Khaki natürlich.

Die »volunteers« hat es zu allen Zeiten in England gegeben, doch im Gegensatz zur »yeomanry« wurden alle diese Infanterie-Einheiten, mit Ausnahme eines einzigen, nach 1815 aufgelöst.

Durch Napoleon III., den man im Verdacht hatte, die Einnahme Londons zu planen als Rache für Waterloo (!), erstand wieder eine patriotische Bewegung. Diesen spontanen Schwung brachten die Behörden alsbald unter ihre Kontrolle, denn ihnen war wenig daran gelegen, daß sich auf ihrem Boden ein Gegenstück der turbulenten und gefährlichen Nationalgarden vom Kontinent bildete.

Die neuen Freiwilligen, die von einem Lord-Lieutenant rekrutiert wurden, kamen meist aus der Mittelschicht. Sie verpflichteten sich eidlich, der Königin loyal zu dienen.

Die zunächst sehr vielfältigen Uniformen waren aber weniger reich als die der »yeomanry«. Ab 1860 wurde die graue Farbe empfohlen und 1881 kam schließlich die rote Grundfarbe und eine Abzeichenfarbe, die mit der des »senior regiment«[2] des Bezirks identisch war.

26000 Freiwillige dienten in Südafrika. Sie bekamen eine bessere Organisation und wurden 1908 durch Gesetz zur »Territorial Force«, der zukünftigen »Territorial Army« von 1914.

ßenfedern und soll 33 cm hoch sein. – 5. Hauptfeldwebel (Sergeant-major) des 14. Regiments, um 1900. Die Husaren, die zunächst meist durch den Federbusch zur Uniform von 1856 ohne Abzeichenfarbe unterschieden wurden, bekamen zwischen 1858 und 1861 acht neue Regimenter hinzu. Sie hoben sich von einander ab durch einen Farbtupfer am Kragen, den Flügel des Kolpak oder den Federbusch (siehe allgemeiner Text). – 6. Offizier des 11. Regiments, um 1900. Die traditionell karmesinrote Hose dieses Regiments trug ihm den Beinahmen »Cherry-pickers« (Kirschpflücker) ein, oder auch die Bezeichnung »Cherubims«. Der Offizier trägt die »patrol-jacket«, von der es auch eine kurze Form gab, die bis zur Taille reichte. – 7. Offizier des 20. Regiments, 1890. Sein busby ist das allgemeine, 1888 eingeführte Modell. Der Federbusch wird 1894 gelb. – 8. Kolpak, genannt busby, des 18. Regiments, Modell 1883. Busch und Flügel, die bis dahin grün waren, wurden weiß und rot (Busch) und blau (Flügel).

GROSSBRITANNIEN ARTILLERIE UND PIONIERE (Seite 107)

1. Artillerist zu Fuß, 1829. – 2. Pionier-Offizier, 1859. – 3. Sappeur der Pioniere, 1871. Die Pioniere trugen seit 1855 den busby, seit 1878 den Helm mit Spitze. – 4. Offizier der Artillerie zu Fuß, 1854. – 5. Artillerist zu Fuß, 1854. – 6. Offizier der Reitenden Artillerie, 1854. – 7. Musiker der Royal Artillery, 1900. – 8. Trompeter der Feldartillerie, 1900. – 9. Trompeter der Reitenden Artillerie, 1900.

FAHNEN (Seiten 108–109)

Frankreich:
1. von 1814–1816 und 1820–1830 (Restauration). Abmessungen: 150 cm × 150 cm. – 2. 1830–1848 (unter Louis Philippe). Auf dem Fahnenstock steckt ein Hahn, dem der Bildhauer ein drohendes Aussehen geben wollte. Maße: 100 cm × 103 cm. – 3. 1848–1851 (Zweite Republik).

1. Großgrundbesitzer (ground-landlords).
2. Nach dem Cardwell-System das 1. Bataillon der zusammengelegten Regimenter.

1
2
3
4
5
6
7
8
L. & F. FUNCKEN

Der Fuß der Spitze ist mit einem Strahlenbündel und der Jahreszahl 1848 geschmückt. Maße: 115 cm × 95 cm. – 4. Von 1852 (Diktatur des Präsidenten Prinz Louis Napoleon) bis 1854. Maße: 115 cm × 95 cm. Adler: a. in vergoldeter Bronze, 1862; b. in vergoldetem Galvano, 1854; c. in vergoldetem Aluminium, 1861. – 5. Fahne des Modells 1854 des 1. Fremden-Regiments (Legion), die im Zweiten Kaiserreich von 1856 bis 1862 verwendet wurde. Maße: 90 cm × 90 cm. Die Kaisergarde und die Linien-Regimenter erhielten nach 1860 Fahnen von 100 cm × 120 cm, die dem Modell von 1854 stark ähnelten. Zu sehen ist auch die Ähnlichkeit mit dem Modell von 1812, zur Zeit der Herrschaft des berühmten Onkels von Napoleon III. Bei der Linie trug die Rückseite den Namen der Schlachten mit der Jahreszahl darunter. – 6. Fahnenträger der Linien-Infanterie mit der Fahne (90 cm × 90 cm) des 1880 eingeführten Modells, das noch heute üblich ist. Auf der Rückseite steht die Inschrift »Honneur et patrie« (Ehre und Vaterland) sowie die Namen der Schlachten, in denen sich das Regiment ausgezeichnet hatte (höchstens vier bis 1926). Auf dem Fuß der Spitze steht auf der einen Seite die Regimentsnummer und auf der anderen Seite die Initialen R. F. (République française). Maße: 90 cm × 90 cm.

Deutschland:
7. Fahnenträger des I. Bataillons des preußischen 1. Garderegiments zu Fuß, um 1900. Er trägt die Grenadiermütze im friderizianischen Stil von 1884 sowie das Halsschild passend zum Metall des Knopfes (a), das Ärmelabzeichen (oben) und das Seitengewehr von 1898. Die Fahne hieß »Leibfahne«, denn der Chef der 1. Kompanie des Bataillons war der Kaiser. Wilhelm II. führte diesen Titel und auch den des Regiments-Chefs. Bei den Grenadier-Regimentern der Garde war der Fahnenstock weiß gestrichen. – 8. Bataillonsfahne des Grenadier-Regiments Nr. 2 (1. Pommersches). Die reich bestickte Schärpe (siehe auch Abb. 10, 11 und 12), »Parade-Fahnenband« genannt, schenkten der König oder die Prinzen bei der Ernennung zum Regiments-Chef. Farbe und Dekor konnten unterschiedlich sein, doch war sie stets mit Silber oder Gold bestickt.
– 9. Bataillonsfahne des Grenadier-Regiments Nr. 10 (1. Schlesisches). – 10. Fahne des I. Bataillons des Infanterie-Regiments Nr. 116 (2. Großherzoglich Hessisches). Zu sehen ist das Fahnenband »1900« in den Farben des Herzogtums, die auch auf den anderen Fahnenbändern erscheinen. – 11. Fahne des I. Bataillons des Oldenburgischen Infanterie-Regiments Nr. 91 mit den Wappen des Großherzogs von Oldenburg. – 12. Fahne des III. Bataillons des 6. Thüringischen Infanterie-Regiments Nr. 95. – 13. Fahnenspitze eines Regiments, das das Eiserne Kreuz 1813–1815 erhalten hat. Ein zweites, breiteres Modell mit nur einem Lorbeerzweig führten die Regimenter, die das Eiserne Kreuz 1870–71 erhalten hatten. – 14. Fahnenspitze eines nicht dekorierten Regiments. – 15. Fahnenträger der Infanterie-Fahne, um 1900. Wie wir bereits im 1. Band dieses Werkes sagten, war bei vielen Fahnen und Standarten die Seide schwer beschädigt oder ganz verschlissen; sie wurden von Kaiser Wilhelm II. erneuert. Der Fahnenstock, der bei den preußischen Grenadier-Regimentern (Linie und Garde) weiß war, war bei der preußischen Linien-Infanterie schwarz. Der 2,90 m lange Fahnenstock, der widerstandsfähiger als der Stoff war, bildete mit der Spitze den kostbarsten Teil des Emblems. Für ihn gab es einen wasserdichten Überzug, der eine Messinghaube für die Spitze besaß. Diese Haube konnte das Eiserne Kreuz tragen: auf beiden Seiten, wenn das Regiment das Kreuz während des Feldzuges 1813–1815 errungen hatte; auf nur einer Seite, wenn es aus dem Krieg 1870–71 stammte, und auf der Rückseite das Monogramm W. R. (Wilhelmus Rex) mit einer Krone darüber. Wenn schließlich das Regiment überhaupt nicht dekoriert war, blieb auf Vorderseite und Rückseite nur das gekrönte Monogramm, das auch auf der Spitze zu sehen war (siehe Abb. 14). – Die genaue und sich auch mit Kleinigkeiten beschäftigende deutsche Verwaltung hatte außerdem seit 1837 sogenannte Erkennungsringe aus Kupfer eingeführt, die zur Identifizierung des Regiments dienten. Und seit 1868–1869 trug der Ring auch die Bataillonsnummer. Diese Mode wurde 1876 unter der Bezeichnung »Fahnenringe« allgemein üblich. Nach dem Krieg 1813–1815 hatte man damit begonnen, auf nicht vorschriftsmäßigen Ringen Ereignisse wie die Beschädigung des Fahnenstockes oder die Verletzung oder den Tod des Fahnenträgers festzuhalten. Im Jahre 1867 wurden diese »Gedenkringe« durch genaue Vorschriften legitimiert, und der Souverän allein entschied über ihre Verleihung. Im Jahre 1873 wurden die Namen der Offiziere und Soldaten, die bei ihrer Verteidigung fielen, in dieses kostbare Symbol mit Silber eingraviert. Eine dritte Art Ring, die seltener vorkam, erschien im Jahre 1897 auf den Fahnenstöcken der 41 Fahnen und Standarten, die bei der Proklamation des Deutschen Reiches am 18. Januar 1871 in Versailles anwesend waren. Dieser Ring bekam den Namen »Ring Versailles«. Er bestand aus Silber. Schließlich gab es noch eine letzte Art Ring, die von Wilhelm II. geschaffen wurde und den Stock der von ihm erneuerten Embleme schmückte. Dieser Ring bestand aus Silber und trug die Inschrift: »Erneuert unter König Wilhelm II.« (von Preußen) und das Datum. – Wir fügen noch hinzu, daß von den 988 Fahnen und 122 Standarten, die 1914–18 mit in den Kampf geführt wurden, nur 13 verlorengingen. – 16. Fahnenbänder: a. Allen preußischen Regimentern gemeinsam war das Fahnenband der »Jahrhundertwende«. Es besaß Spangen, von denen eine das Monogramm mit der Kaiserkrone und auf der Rückseite das Datum »1. Januar 1900« trug, während die andere die preußische Königskrone zeigte und auf der Rückseite das obige Datum sowie das der Gründung des Regiments. Links ist ein Beispiel für das gleiche Fahnenband mit den königlich-bayerischen Farben und Emblemen zu sehen. Im Kriege konnten diese Fahnenbänder allein getragen werden. – b. Gedenkband an den Feldzug von 1864 gegen Dänemark, das manchmal auch ohne Schwerter verliehen wurde. – c. Gedenkband an die Erstürmung der Düppeler Schanzen 1864 für Regimenter, die das Düppeler Kreuz erhalten hatten. – d. Gedenkband an den Krieg gegen Österreich im Jahre 1866. Man kann es auch ohne Schwerter finden. – e. Gedenkband an den Krieg 1870–71 gegen Frankreich für Bataillone, die im Laufe des Feldzuges nicht das Eiserne Kreuz, sondern nur die Medaille erhalten hatten. Die Messingspangen, auf denen die Namen der Leistungen stehen, kamen 1895 auf und wurden gleichzeitig auf die mit dem Eisernen Kreuz ausgezeichneten Bataillone ausgedehnt. – f. Colberg-Band. Es wurde 1834 geschaffen und ab 1882 an die Nachfahren der acht Regimenter verteilt, die sich 1807 in Kolberg ausgezeichnet hatten. – g. Säkular-Band. Seit 1835 wurde jedem Regiment, das 100 Jahre bestand, dieses Fahnenband verliehen. – h. Gedenkband zum Eisernen Kreuz 1870/71. Die bereits mit dem Eisernen Kreuz 1813–15 dekorierten Regimenter, die folglich auf ihrer Spitze ein Eisernes Kreuz führten, trugen dieses Fahnenband, das darauf hinwies, daß ihnen diese Ehrung zweimal zuteil geworden war.

1
2
3
4
5
6
7
8
9
L. & F. Funcken

1
LE ROI AU 9me. REGIMENT D'INFANTERIE
2
HONNEUR ET PATRIE
LE ROI DES FRANÇAIS AU 12me REGIMENT D'INFANTERIE
3
VALEUR ET DISCIPLINE
4
RF
MARENGO
WAGRAM
VALENCE
LOUIS NAPOLEON AU 60eme REGIMENT D'INFANTERIE
5
VALEUR ET DISCIPLINE
L'EMPEREUR NAPOLEON III AU 1er REGIMENT ETRANGER
6
a
b
c

16
a
b
c
d
e
f
COLBERG.1807.
g
1789
1889
ERRICHTET 1789
F III
h
8
9
10
11
12
13
14
15
7
a

DRITTER TEIL

DEUTSCHE HEERE

Drei große, konvergierende Phänomene bestimmen in Deutschland die zweite Hälfte des 19. Jahrhunderts.

Zunächst kommt es im Gefolge der europäischen Revolutionen von 1848 zu einer Explosion des deutschen Nationalismus, einer Bewegung, die Preußen um sich zu kristallisieren versteht[1].

Dann entsteht durch die Neuorganisierung des preußischen Heeres um 1860 ein Instrument von höchster Schlagkraft. Die von Wilhelm I. und seinem Kriegsminister Albrecht von Roon durchgeführte Heeresreform zielt auf die Aufstellung von 117 Bataillonen Infanterie und 72 Eskadronen Kavallerie und führt den dreijährigen Militärdienst ein. Helmuth von Moltke, Chef des Generalstabs, will die Kenntnisse der Offizierselite auf der Berliner »Kriegsakademie« vertiefen, aus der die Oberbefehlshaber und Kommandeure der siegreichen Feldzüge gegen Dänemark, Österreich und Frankreich hervorgingen.

Schließlich gelingt es Preußen, Österreichs Einfluß im Deutschen Bund auszuschalten[2], was zur Entstehung eines Deutschen Reiches führt. Während des Deutsch-Französischen Kriegs von 1870 wird Wilhelm I. am 18. Januar 1871 in Versailles zum Deutschen Kaiser proklamiert.

Hierin findet die hartnäckige Arbeit von Männern wie Bismarck, Roon und Moltke ihre Krönung. Sie haben nichts dem Zufall überlassen ... und es fehlte sicherlich nicht ein einziger Knopf in dem Heer, das wir nun betrachten wollen.

Deutsche Kopfbedeckungen

Die »Pickelhaube«

Das Originalmodell, das wir im ersten Band beschrieben haben, blieb von 1842–1857 unverändert, dann wurde die Höhe der Helmglocke reduziert. Wir weisen aber darauf hin, daß 1846 die Kokarde, die aus schwarzem Leder bestanden hatte, für die Truppe aus Wolle gefertigt wurde und aus schwarzer Seide und Silber für die preußischen Offiziere. Diese »Landes«-Kokarde wurde rechts getragen und wechselte in den Farben je nach Zugehörigkeit des Kontingents.

Zwischen 1848 und 1851 trugen die Truppen des Bundes links die deutsche schwarz-rot-goldene Kokarde.

1. Im Jahre 1848 wurde der Sturz des Königs der Franzosen Louis Philippe vom deutschen Volk, das soziale Rechte und freie politische Strukturen verlangte, als Zeichen für den Beginn einer neuen Ära empfunden. Das Königtum von Gottes Gnaden und der daraus resultierende Absolutismus, die Forderung nach Grundrechten und Verfassung lassen im ganzen Lande eine riesige Befreiungsbewegung entstehen.
Die Prophezeiung von Karl Marx, daß Deutschland beim Ruf des gallischen Hahns aufstehen würde, wird teilweise wahr zu Beginn des sogenannten »tollen Jahrs«. Nassau, Baden, Hannover, die beiden Hessen, Sachsen und Württemberg erheben sich. In Köln beteiligt sich Marx selbst an einer kurzlebigen Revolution. In Berlin muß König Friedrich Wilhelm IV. Preußen eine Verfassung zugestehen. Aus jenem Mosaik von Staaten, aus denen der Deutsche Bund besteht, erwächst eine Nation. In Frankfurt tritt ein Parlament zusammen mit dem Ziel, einen deutschen Einheitsstaat zu gründen. Bevor das Jahr zu Ende geht, haben Reaktion und Repression die Oberhand gewonnen. Aber »der Geist von 1848« ist nicht tot. Was von ihm fortlebt, ist seine nationalistische Seite, die Preußen geschickt zu seinen Gunsten zu kanalisieren versteht, unter dem Wirken eines großen Staatsmannes: Otto von Bismarck.
Österreichs Niederlage im Jahre 1859, durch die es die Lombardei verliert, stärkt natürlich die Stellung der Habsburger im Deutschen Bund nicht, während Preußen sich zur gleichen Zeit ein Heer schmiedet, das sich als das erste der Welt versteht.

2. Man hat die Affäre um die Herzogtümer Schleswig und Holstein und das ungeheure Aufsehen, das sie erregte, im Rahmen des preußischen Kampfes um die deutsche Einheit zu sehen.
Das Königreich Dänemark und die Herzogtümer Schleswig und Holstein waren seit 1460 miteinander durch Personalunion verbunden. Die Schleswiger hatten den dänischen König zum Herzog gewählt, nachdem er sich im Ripener Freiheitsbrief verpflichtet hatte, Schleswig und Holstein für alle Zeiten nicht voneinander zu trennen (»auf ewig ungeteilt«). Schleswig und Holstein behielten auch ihre eigenen ständischen Institutionen. Diese Einheit gerät in Gefahr, als in der Mitte des 19. Jahrhunderts das dänische Königshaus in männlicher Linie auszusterben droht und wegen der unterschiedlichen Erbfolgerechte in Schleswig und Holstein Schleswig in den dänischen Staat einverleibt werden soll (Offener Brief König Christians VIII. im Jahre 1846). Als sich im Jahre 1848 die dänische Haltung verhärtet, kommt es am 23. März 1848 zum offenen Abfall beider Her-

zogtümer von Dänemark und zum deutsch-dänischen Krieg von 1848–1850 (siehe »Historische Uniformen 19. Jahrhundert«, Band 1, Seite 154). Preußen und der Deutsche Bund (Holstein gehörte seit 1815 dem Deutschen Bund an) unterstützen die Schleswig-Holsteiner in ihrem Kampf. Offensiven und Waffenstillstände wechseln sich ab, und schließlich kehrt man unter dem Druck der Großmächte zum Status quo zurück.

Am 13. November 1863 wird durch eine neue dänische Verfassung Schleswig dem Königreich Dänemark einverleibt. Zwei Tage später stirbt mit Friedrich VII. das regierende Königshaus in Dänemark aus, und Herzog Friedrich VIII. von Schleswig-Holstein-Sonderburg-Augustenburg erklärt seinen Nachfolgeanspruch in den Herzogtümern Schleswig und Holstein. Nachdem Dänemark sich geweigert hatte, dem österreichisch-preußischen Verlangen auf Aufhebung der neuen Verfassung binnen 48 Stunden nachzukommen, lassen Österreich und Preußen am 1. Februar 1864 ihre Truppen in Schleswig einrücken.

Im Verlaufe des Winters 1864 treten nicht weniger als 57500 Österreicher und Preußen gegen 35000 Dänen an, von denen sich bald 7000 bis 8000 hinter den Befestigungen von Düppel verschanzen. Nach zwei Monaten der Vorbereitungen wird am 18. April unter den Klängen von Militärmusik der Angriff befohlen. Die von Tausenden von Granaten zerschossenen Schanzen werden dann im Nahkampf genommen. Das kostet die Preußen 1201 Mann an Toten und Gefangenen, aber die Dänen 4816, darunter 3605 Gefangene, und nachdem am 29. Juni Alsen fiel, waren die Dänen zum Widerstand nicht mehr in der Lage.

Das besiegte Dänemark ist gezwungen, die Herzogtümer abzutreten, wobei Österreich die Verwaltung Holsteins, Preußen die Schleswigs übernimmt.

Das ist eine ganz provisorische Lösung: 1866 veranlaßt ein Streit zwischen Wien und Berlin über die Verwaltung ebendieser Herzogtümer Österreich dazu, die Truppen des Deutschen Bundes zum Eingreifen gegen Preußen aufzufordern. Das war ein unvorsichtiges Vorgehen, denn der nun ausbrechende Konflikt war von Bismarck gewollt und vorbereitet worden mit dem alleinigen Ziel, Österreich aus dem Aufbau des neuen Deutschlands auszuschließen.

Angesichts eines österreichischen Heeres, das in seiner Routine und seinem abwartenden Zögern erstarrt ist, setzt Preußen sein hervorragendes Eisenbahnnetz ein, um 254000 Mann in drei Armeen nach Moltkes Plänen aufmarschieren zu lassen.

Italien, das drei Monate lang Preußens Verbündeter ist, wird bei Custozza vollständig geschlagen, was Preußens Wunsch, schnell zum Ende zu kommen, noch verstärkt. Österreich ahmt seinerseits seinen früheren Bezwinger nach – Napoleon III. von Frankreich, der Piemont während des Feldzugs von 1859 Beistand geleistet hatte – und entscheidet sich für die Offensive, aber seine ungeschickten Anstrengungen werden durch die überlegene Bewaffnung der Preußen (das Dreysesche Zündnadelgewehr) zunichte gemacht.

Die Preußen marschieren seit dem 26. Juni 1866 konzentrisch auf Böhmen zu, dabei entwickeln sie eine an ein Wunder grenzende Schnelligkeit. Sie siegen am 3. Juli bei Königgrätz und setzen damit dem Kampf um die Vorherrschaft ein Ende.

Nach dem Sieg annektiert Preußen Hannover, das noch vor der Offensive die Waffen hatte strecken müssen, sowie Schleswig, Holstein, Hessen-Kassel, Nassau und Frankfurt am Main, während andere Staaten, besonders Sachsen, als selbständige Einheiten in den Norddeutschen Bund aufgenommen werden, der noch im Herbst mit dem König von Preußen an der Spitze und Bismarck als Bundeskanzler gegründet wird. Die Verluste in diesem Blitzkrieg betrugen 3500 Tote und 12600 Verwundete auf preußischer Seite und 10400 Tote und 30400 Verwundete auf österreichischer Seite.

Auf dem einmal begonnenen Weg fortschreitend, vervollkommnet Preußen das Werkzeug seiner Macht, während Frankreich, das sich, durch seine Erfolge in Italien verblendet, überlegen fühlte, den nunmehr absehbaren Krieg voll Selbstsicherheit entgegensieht.

1856 wurde schließlich die Befestigungsschraube für die Kinnriemen verkürzt und ihr Kopf an der Rosette festgemacht.

1860 wurde die Helmglocke noch einmal verkleinert. Dadurch bekam der Helm nun allgemein das Aussehen, das er bis 1914 behalten sollte.

1867 wird der Augenschirm abgerundet, wobei auch der Ansatz der Spitze rund[3] wurde, aber seinen »Perlrand« am Fuß der Spitze behielt. Die Helmschiene hinten verschwand, und die Kokarde wurde etwas kleiner.

1871 kam die Helmschiene hinten an der Helmglocke und am Nackenschirm wieder auf, jedoch ohne sichtbare Befestigungsstifte. Zwischen 1887 und 1891 verschwand die Schiene um den Augenschirm, es wurde ein lederner Kinnriemen mit Öse und Dorn eingeführt, der mit Hakenriemen an der Glocke befestigt wurde. Gleichzeitig verschwand der Perlrand, der durch einen einfachen Wulst ersetzt wurde, ausgenommen bei den Offizieren. Alle Einheiten konnten die Helmspitze abschrauben und an ihre Stelle einen Helmbusch in einer Rohrhalterung setzen. Die metallenen Kinnriemen wurden nur zu Paraden getragen.

Nach 1871 rückte die Landes-Kokarde nach links, während rechts nun von allen Bundestruppen, die am Krieg gegen Frankreich teilgenommen hatten, die Reichs-Kokarde getragen wurde.

1897 kam die Metallverstärkung am Augenschirm wieder auf, und die Kehle der Spitze bekam sechs Belüftungslöcher anstatt der bisherigen zwei. Am 22. März, dem Geburtstag des ersten deutschen Kaisers, Wilhelm I., wurde allen Truppen die Reichs-Kokarde vorgeschrieben.

Im Jahre 1843 führten Oldenburg, 1845 Lippe-Detmold, Reuß, Sachsen-Weimar, Sachsen-Altenburg und Waldeck, 1846 Anhalt und Hessen-Kassel, 1848 Mecklenburg, 1849 Baden, Hannover, Hessen-Darmstadt, Hessen-Homburg und Nassau, 1850 die Hansestädte und Schwarzburg, 1865 Sachsen-Coburg-Gotha, 1867 Sachsen, 1871 Württemberg und 1886 Bayern und Braunschweig die Pickelhaube ein.

3. Ausgenommen die Generale und die Dragoner.

Helmbeschläge

Preußen schmückte seine Beschläge mit dem berühmten preußischen Adler, der bei der Garde die Schwingen breit entfaltete, auf der Brust den neusilbernen Stern des Schwarzen Adlerordens, und bei den Linien-Truppen die Schwingen deutlich anhob[4]. Die Buchstaben F. W. R., die für König Friedrich Wilhelm III. standen, bezeichneten die ältesten Regimenter (Nr. 1–12), während die neueren Regimenter die Buchstaben F. R. trugen. Seit 1860 lief ein Spruchband »Mit Gott für König und Vaterland« über Leib und Schwingen des Adlers.

Etwa 30 dieser beiden Beschlagstypen trugen außerdem schmale Helmbänder zum Gedenken an Schlachten; wir haben einige Beispiele dafür gezeigt und auch für Beschläge nichtpreußischer Kontingente.

Grenadiermützen

Aus den Legenden zu unseren Abbildungen geht klar hervor, welchen Einheiten die Grenadiermützen zuzuordnen sind. Grenadiermütze und Helm der 3. und 4. Kompanie des 1. Garderegiments zu Fuß erhielten 1889 zur Erinnerung an die Riesengarde Friedrich Wilhelms I. das »Semper talis«-Band (»stets gleich«, »beständig«) verliehen, das im Sommer des gleichen Jahres das ganze I. Bataillon tragen durfte. Ab 1894, als das Regiment neue Grenadiermützen erhielt, trug auch das II. Bataillon dieses Band.

Die deutsche Uniform

Der »Waffenrock«

Der sehr kleidsame Waffenrock, der, wie wir gesehen haben, 1843 zur gleichen Zeit wie der Helm eingeführt wurde, erhielt seine endgültige Form durch Kürzen und leichte Verkleinerung der Schöße. Der Kragen bekam ab 1858 größere Patten, die je ein Drittel des ganzen (blauen) Kragens decken sollten. 1867 wurde der Kragen weniger hoch und ganz rot, und 1887 wurden die Knöpfe, die das Koppel an den Nieren hielten, zu Knopf-Haken. Im Jahre 1895 wurde der Kragen noch niedriger, die Ärmelaufschläge und der untere Teil des Rückens bekamen Schlitze.

Der Waffenrock wurde einreihig mit acht Knöpfen geschlossen, aus der Farbe der Schulterklappen ließ sich ablesen, zu welchem Armee-Korps

4. Mit Ausnahme der Grenadier-Regimenter, die den Garde-Adler mit den entfalteten Flügeln führten, aber ohne den Stern des Schwarzen Adlerordens.

PREUSSEN
GARDEINFANTERIE (I)

1. Unteroffizier der Grenadiere des 1. Garderegiments zu Fuß im Jahre 1866, mit der Grenadiermütze für große Paraden des 1824–1894 vorgeschriebenen Modells. Die Soldaten des 1. Garderegiments zu Fuß mußten mindestens 1,82 m groß sein. Das I. und das II. Bataillon Grenadiere nahmen die größten Männer auf, vor allen anderen Garderegimentern, in denen die Mindestgröße der Gardisten immerhin 1,70 m sein mußte. – 2. Füsilier des 1. Garderegiments zu Fuß mit der neuen Grenadiermütze von 1894. Nur der Grenadier hatte Anspruch auf die Inschrift SEMPER TALIS (»stets gleich«); der Füsilier trug die Inschrift PRO GLORIA ET PATRIA. – 3. Offizier-Grenadiermütze des I. und II. Bataillons des 1. Garderegiments zu Fuß, Modell 1894 mit dem 1896 hinzugefügten Kinnriemen. Bei der Truppe war der Pompon aus Wolle, weiß mit roter Mitte (Grenadiere). Die Devise SEMPER TALIS sollte an die Riesen-Grenadiere Friedrich Wilhelms I. erinnern. Deshalb hatte das III. Bataillon Füsiliere eine andere Devise (PRO GLORIA ET PATRIA) auf seiner etwas niedrigeren Grenadiermütze (26 cm statt 30 cm). Der Pompon war in der Mitte gelb, die Mütze war ebenfalls gelb (siehe Abb. 2). – 4. Offizier des 3. Garderegiments zu Fuß in Felduniform, 1866. – 5. Füsilier des Gardefüsilier-Regiments in Felduniform, 1870. Der Helm ist nun über den Ohren abgerundet (seit 1867) und die hintere Helmschiene verschwunden. – 6 und 7. Füsilier und Grenadier des 3. Garderegiments zu Fuß in Parade-Uniform mit Helm und Parade-Federbusch. – 8. Rückansicht der Grenadiere des 1. Garderegiments zu Fuß mit der mit heraldischen Adlern geschmückten Grenadiermütze aus Gelbmetall, wie sie bis 1894 getragen wurde. – 9. Helmbeschlag des I. und II. Bataillons des 1. Garderegiments zu Fuß mit dem Helmband SEMPER TALIS. Auch das 5. Garderegiment zu Fuß und das Gardefüsilier-Regi-

1. Die Inschrift »Semper talis« auf dem Helm des Regimentsstabes und des I. Bataillons des 1. Garderegiments zu Fuß.

11
a
b
c
d
e
f
9
10
SEMPER TALIS
1
2
3
4
5
6
7
8

der Soldat gehörte. Die Aufschlagspatten des brandenburgischen Typs, der am häufigsten verwendet wurde, waren bei der weitaus größten Zahl der Regimenter rot, bei 14 Regimentern weiß und bei zwei Regimentern hellblau. Manchmal wurde eine gelbe, weiße oder hellblaue Paspel verwendet.

Gefreite, besonders gute Soldaten, erhielten ab 1853 auf beiden Kragenseiten einen Knopf mit Adler, aber von kleinerem Format als die Unteroffizier-Dienstgrade.

Der erste Unteroffiziersdienstgrad war der eines Unteroffiziers. Danach kam der Sergeant, dann der Vizefeldwebel oder der Vizewachtmeister je nach Waffengattung, der Feldwebel oder Wachtmeister, und schließlich der Portepee-Fähnrich, ab 1899 Fähnrich. »Porte-épée« (Portepee) bezeichnet wörtlich »Degengehenk« und ist eine Säbeltroddel als Abzeichen der Offiziere.

Im Gegensatz zu den ihm untergeordneten Rängen war der Portepée-Fähnrich Offizier-Anwärter und wurde durch Wahl des Offizierkorps in dieses aufgenommen. Man sollte sich nicht wundern, wenn man die Begriffe »Portepée-Unteroffiziere« und »Unteroffiziere ohne Portepée« hört; mit der ersten Kategorie wird ein Feldwebel oder ein Vizefeldwebel bezeichnet, der Anspruch auf die Offizierstroddel hat, und mit der zweiten Kategorie der Sergeant oder Unteroffizier, der auf diese Troddel kein Recht hat. Erstere sind aber nicht Offizier-Anwärter und werden es niemals sein.

Andere Unteroffiziere taten außerhalb des Rahmens einer Kompanie oder Eskadron Dienst; das waren die Musiker-Unteroffiziere, »Hoboisten« genannt, und die »Bataillonstamboure«, die häufig Sergeanten oder Unteroffiziere waren.

Die Hose, die seit 1870 in einem unbestimmten Schwarz gehalten war, kam manchmal auch in Dunkelblaugrau vor. Sie hatte zunächst nur eine Tasche rechts, ab 1895 hatte sie dann zwei. Es gab viele Einzelvorschriften, wie die Uniform und die Ausrüstung zu tragen war. Zum Beispiel mußte der Helm ganz gerade aufgesetzt werden und sein Augenschirm bis zur Höhe der Augenbrauen hinabreichen; an den Seiten mußte er etwa drei Zentimeter über den Ohren freilassen. Die Halsbinde durfte etwa drei Millimeter über den Kragen hinausreichen.

Die Ärmelaufschläge mußten, wenn der Arm herabhing, bis zum Daumengelenk reichen, und das Koppelschloß mußte den letzten Knopf des Waffenrocks verdecken.

Die Befestigungsnieten der Tornistertragriemen unter den Riemen für die Patronentaschen mußten sich auf Achselhöhe befinden, ohne jedoch die Patronentaschen nach oben zu ziehen. Unsere Zeichnungen zeigen, wie der Tornister und der Brotbeutel sitzen mußten. Es gab für sie noch weitere Vorschriften.

Diese scheinbar müßigen Details werden dem Figurinen-Liebhaber und dem Uniform-Sammler gestatten, das genaue Aussehen des deutschen Fußsoldaten bis 1914 wiederherzustellen.

ment trugen weiße Helmbeschläge, aber ohne das SEMPER TALIS-Band. – 10. Helmbeschlag des 2., 3. und 4. Garderegiments zu Fuß aus Gelbmetall mit silbernem Stern des Schwarzen Adlerordens.
11: a. 1. Garderegiment zu Fuß; b. 2. Garderegiment zu Fuß; c. 3. Garderegiment zu Fuß (aufgestellt 1860); d. 4. Garderegiment zu Fuß (aufgestellt 1860); e. 5. Garderegiment zu Fuß (aufgestellt 1897); f. Gardefüsilier-Regiment (aufgestellt 1860).

PREUSSEN
GARDEINFANTERIE (II)

1. Grenadiere der Garde: a. Kaiser-Alexander-Gardegrenadier-Regiment Nr. 1; b. Kaiser-Franz-Gardegrenadier-Regiment Nr. 2; c. Königin-Elisabeth-Gardegrenadier-Regiment Nr. 3; 4. Königin-Augusta-Gardegrenadier-Regiment Nr. 4 (aufgestellt 1860); e. Gardegrenadier-Regiment Nr. 5 (aufgestellt 1897). Die Litzen auf den Aufschlagspatten der ersten vier Regimenter erschienen erst 1861. – 2. Jäger und Schützen der Garde: a. Jäger; b. Schützen. Die Litzen auf den Aufschlagspatten kamen 1874 auf.
3. Offizier-Grenadiermütze, die 1894 beim 1. Gardegrenadier-Regiment »Kaiser Alexander« eingeführt wurde. Sie wurde 1824–1894 vom I. und II. Bataillon des 1. Garderegiments zu Fuß getragen. Die Devise SEMPER TALIS der Riesengrenadiere wurde durch die Inschrift SUUM CUIQUE (»Jedem das Seine«) ersetzt. Der silberne Pompon hatte ein schwarzsamtenes Mittelstück. Rechts die Grenadiermütze des einfachen Grenadiers. Die Mütze der Füsiliere war an ihrem seitlichen Dekor aus Wappenadlern zu erkennen (die Granaten waren den Grenadier-Bataillonen vorbehalten), sowie an dem Pompon mit gelber Spitze. Ihr Frontschild maß nur 26 cm, während es bei den eigentlichen Grenadieren 30 cm hoch war. Die Truppe hatte nur auf weißen Litzenbesatz Anspruch, die Offiziere dagegen auf silbernen. – 4. Grenadier des 1. Garderegiments zu Fuß, 1857. Der allgemeine Infanterie-Helm wird niedriger, behält aber die Form einer »Glocke«. – 5. Grenadier des 3. Garderegiments zu Fuß in Felduniform, 1867. Der Helm ist stark abgewandelt worden und hat fast seine endgültige Form erreicht. Der Augenschirm ist abgerundet und die hintere Helmschiene ist für eine Zeitlang verschwunden (1867–1871). – 6. Offizier der Grenadiere des 1. Garderegiments zu Fuß in Paradeuniform für

1
a
b
c
d
e
2
a
b
3
4
5
6
7
8
9
10

Mantel

Der in kräftigem Grau gehaltene Mantel wandelte den Soldaten ganz und gar. Er besaß eine abnehmbare Kapuze (Kapotte), die manchmal allein als eine Art Kappe verwendet wurde. Sie wurde ab 1901 aus Leinen hergestellt und verschwand dann 1907. Alle Truppenkontingente trugen den gleichen Mantel.

Die Infanterie im Kampf

Wir erwähnten bereits die kurzen Feldzüge, die Preußen gegen Dänemark und Österreich führte.

Im Jahre 1870 warf sich das deutsche Heer auf Frankreich, das als unbesiegbar galt und in der ganzen Welt gewaltiges Prestige genoß. Das Preußen von 1866 mit seinen 19 Millionen Einwohnern hatte 660 000 Mann unter Waffen, und das Deutschland von 1870, das etwa 40 Millionen Einwohner zählte, verfügte über ein Heer von 1 183 389 Soldaten, von denen über 900 000 in das Feindesland zogen.

Es kann im Rahmen dieses Werkes keine Rede davon sein, auch nur die großen Linien dieses für das Frankreich Napoleons III. so verheerenden Feldzugs nachzuzeichnen. Wir werden uns deshalb darauf beschränken, die Aktion zu beschreiben, die von der preußischen Garde gegen die Schlüsselstellung von Saint-Privat[1] durchgeführt wurde.

Der Angriff der Garde, die in Marschsäulen geordnet war und im Schritt marschierte, war vom Standpunkt der Taktik unsinnig, bedeckte dieses herrliche Korps mit Ruhm, doch zu welchem Preis!

Die gut verschanzten Franzosen schossen ihre Schnellfeuer-Chassepot-Gewehre auf die stolze Zielscheibe leer, die sich ihnen darbot. Nachdem klar war, daß die nackte Brust gegen Kugeln nichts ausrichten konnte, eröffnete die preußische Artillerie das Feuer und vernichtete das Dorf mit einem Regen von Granaten. Währenddessen wich die Garde keinen Fußbreit zurück und zeigte eine Disziplin, die durch nichts zu erschüttern war. Als endlich der Schlußangriff erfolgen konnte, wurden die Ruinen Haus für Haus erobert und ihre letzten Verteidiger im Kampf Mann gegen Mann herausgeholt.

Dieser Sieg hatte die Garde fast ein Drittel ihrer Infanterie gekostet. Das Jäger-Bataillon hatte 19 Offiziere, einen Wundarzt und 431 Mann verloren. Das 1. Garderegiment zu Fuß: 36 Offiziere und 1056 Mann; das 2. Regiment: 39 Offiziere und 1076 Mann; das 3. Garderegiment zu Fuß: 36 Offiziere und 1060 Mann; und das 4. Regiment: 29 Offiziere und 524

den Sommer, 1899. – 7. Gefreiter des Kaiser-Alexander-Gardegrenadier-Regiments Nr. 1 in Paradeuniform für den Sommer. Sein schwarzer Haarbusch zeigt an, daß er zu den Füsilieren gehört.
Bei den Grenadieren war der Busch weiß. – 8. Grenadier des 5. Gardegrenadier-Regiments in Felduniform, 1893. – 9. Offizier des Garde-Jäger-Bataillons in Kleiner Uniform und Jäger in Paradeuniform, 1895. Rechts der Tschako von 1860 und ganz rechts der Tschako von 1895. Er ist die einzige deutsche militärische Kopfbedeckung, die bis in unsere Tage überlebte. – 10. Garde-Schütze in Parade-Uniform, 1854–1860. Die »Neffschandeller«, die im Fürstentum Neuchâtel unter Welschschweizern rekrutiert wurden, waren in Berlin populär. Sie nahmen an allen Feldzügen teil und erlitten 1870 in Le Bourget schwere Verluste.

PREUSSEN
KÜRASSIERE (I)

Helme: 1. 1843, Truppe (Garde). – 2. 1867, Truppe (Linie). – 3. 1867, Offizier (Linie), ausgenommen das 6. Regiment, bei dem die Metalle umgekehrt waren. – 4. 1887, Offizier (Linie), ausgenommen das 6. Regiment, bei dem die Metalle umgekehrt waren. – 5. 1889, Truppe. Der Augenschirm ist jetzt glatt (Linie). – 6. 1887, Garde-Offizier mit dem Parade- und Gala-Adler.
Beschläge: 7. Garde. – 8. Leib-Kürassier-Regiment »Großer Kurfürst« (Schlesisches) Nr. 1. Dieser Beschlag im friderizianischen Stil, der 1902 eingeführt wurde, bot die einzigartige Besonderheit, daß sich der Adler nach links wendet. – 9. 2. Regiment. Das Spruchband kam 1845 hinzu; vorher trug man es getrennt vom Adler. – 10. Den anderen Regimentern gemeinsames Modell. Es war beim 6. Regiment versilbert.
11. Offizier des 5. Regiments im Hofball-Anzug, 1862. – 12. Offizier der Gardes du Corps, 1864. – 13. Offizier der Garde-Kürassiere im Hofball-Anzug, 1864. – 14. Offizier des 6. Regiments in Interimsuniform, 1864. – 15. Offizier des 3. Regiments im Gesellschaftsanzug, 1864. – 16. Garde du Corps in Galauniform. Es han-

1. Saint-Privat-la-Montagne, Dorf in Lothringen. Niederlage des französischen Heeres unter Bazaine am 18. August 1870, Teil der Schlacht von Gravelotte.

1
2
3
4
5
6
7
8
9
10
11
12
13
14
15
16
17
PRO GLORIA ET PATRIA
L.&F. FUNCKEN

Mann. Die Gardegrenadier-Regimenter hatten nicht weniger gelitten. Beim 1. waren 27 Offiziere und 820 Mann kampfunfähig geworden; beim 2.: 38 Offiziere und 1020 Mann; beim 3.: 21 Offiziere und 433 Mann; und beim 4.: 27 Offiziere und 902 Mann.

Nachdem Marschall Bazaine seine Kräfte auf die Linie der Befestigungen zurückgenommen hatte, wurde Saint-Privat zu einem strategischen, aber nicht zu einem taktischen Sieg für Deutschland. Die Verluste an Gefallenen waren auf deutscher Seite viel höher als auf der französischen: 5237 Gefallene von 20159 Gesamtverlusten gegen 13218 französische Gesamtverluste.

Das war eine eindrucksvolle Demonstration der Kraft, die durch defensives Feuer erreicht wurde. Die Lektion hatte gesessen.

Kavallerie

Kürassiere

Die hauptsächliche Veränderung, die an der Uniform der Kürassiere vorgenommen wurde, betraf 1870 die Abzeichenfarbe des 4. Regiments: Sein Orange wurde durch Rot ersetzt. Von dieser Einzelheit abgesehen, bleibt die Übersicht in unserem Band 1 der »Historischen Uniformen, 19. Jahrhundert«, Seite 142, für die zweite Hälfte des Jahrhunderts gültig.

Als letzte Änderung erhielten das pommersche 2. Regiment »Königin«, das 1. Leib-Kürassier-Regiment »Großer Kurfürst« aus Schlesien und das Regiment Gardes du Corps das Recht, einen Parade-Brustschild zu tragen, dessen zentraler Dekor auch auf dem Küraß als ständiger Schmuck getragen wurde.

Der Helm wurde beträchtlich abgewandelt: Er wurde immer runder und verlor, bei der Truppe, schließlich die Unebenheiten (»Treppenstufen«) im Augenschirm.

Die Spitze war immer noch ausgekehlt, bei den Offizieren höher und zugespitzter. Ihr unteres Teil mit den kleeblattartig angeordneten Luftlöchern war bei der Truppe einfach rund. Die Bildtafeln zeigen alle weiteren Einzelheiten.

Die Kürassiere zeichneten sich am 16. August 1870 bei Vionville[1] ganz besonders aus. Drei Eskadronen des 7. Regiments aus Magdeburg wurden zusammen mit drei Eskadronen des 16. Ulanen-Regiments in den sogenannten Todesritt geschickt. Dieser heroische, von 800 Reitern

delt sich um dieselbe Uniform in Superweste, die wir von vorn und im Profil in unserem 1. Band, S. 145, Abb. 6 gezeigt haben, jedoch im leicht veränderten Modell von 1883.
Die Säbeltasche, die von den Offizieren, Unteroffizieren und Trompetern (sie wurden den Unteroffizieren gleichgestellt) zur Galauniform getragen wurde, war ungewöhnlich befestigt; sie saß sehr hoch und konnte nicht schlenkern. Es handelte sich ganz offensichtlich darum, die friderizianische Uniform wiederaufleben zu lassen, wie wir sie in unserem Werk »Historische Uniformen, 18. Jahrhundert«, Band 2, Seite 77, Abb. 12, vorgestellt hatten. – 17. Höherer Offizier der Gardekürassiere im Hofball-Anzug, 1893. Die Gardes du Corps trugen die gleiche Uniform, jedoch mit der Abzeichenfarbe Dunkelblau. Die Vorderansicht war wie bei Abb. 12.

PREUSSEN
KÜRASSIERE (II)

1. Standartenträger der Gardes du Corps mit der Standarte. Es handelt sich um die Standarte, die der Deutsche Kaiser Wilhelm II. diesem Regiment im Jahre 1890 zugewiesen hatte. Sie war eine genaue Nachbildung der Standarte von 1741 unter Friedrich dem Großen von Preußen. Die Gardes du Corps waren das Leib-Regiment der preußischen Könige. Chef der 1. Eskadron (Leib-Eskadron) war traditionell der König von Preußen selbst, der im übrigen auch »Chef« des ganzen Regiments war. Anfang April 1814 erhielten die preußischen Kürassiere französische Beute-Pallasche, mit denen 1819 die Gardes du Corps und die Regimenter 1, 3, 6 und 7 ausgerüstet wurden; die anderen Regimenter erhielten russische Modelle. 1876 bewaffnete man alle Kürassier-Mannschaften mit dem Einheitsmodell 54, Karabinier- und Dragonerdegen, die 1870 erbeutet worden waren und sich nur in der Länge der Klingen unterschieden. 1880 wurden sie auch für Offiziere vorschriftsmäßig. Im Jahre 1896 wurde der Schleppriemen mit dem dazugehörigen Ring abgeschafft, der Pallasch wurde nun am Sattel befestigt. Wir erinnern noch einmal daran, daß der Küraß nur zu Paraden getragen wurde. – 2. Standarte des 1. Regiments. – 3. Standarte. Ihre Form erinnert an die Herkunft des Regiments (Dragoner unter Friedrich II.). – 4. Trompeter der Gardes

1. Dorf in Lothringen, westlich Metz.

2
1
4
3
5
6
1
7
8
11
a
b
c
9
10
L. & F. FUNCKEN

vorgetragene Angriff kostete die Brigade 363 Gefallene oder Verwundete und 409 Pferde, rettete jedoch die erschöpfte deutsche Infanterie, die von überlegenen Kräften hinweggefegt zu werden drohte.

Ulanen

Seit 1843 war die Tschapka kleiner geworden. Ihr Augenschirm wurde 1862 mit je nach dem Adler messingner oder neusilberner Schiene versehen und der Adler aus Weiß- oder Gelbmetall erhielt 1860 die Inschrift »Mit Gott für König und Vaterland«.

Im Jahre 1867 gab es ein neues Tschapka-Modell, das ganz aus schwarzem Lackleder bestand. Zur Parade wurde sie mit einer Paraderabatte geschmückt, die in der Farbe der Epauletten gerippt war; aus diesem Grunde wurde der Adler nun auf der Glocke befestigt.

1853 wurde die bis zuletzt getragene Ulanka eingeführt. Die Zahl der Regimenter wurde 1860 und 1866 erhöht.

Nachstehend eine Übersicht über die damaligen Ulanen:

Regiment	Kragen, Aufschläge und Brustteil	Tschapkabesatz und Epaulettengrund	Knöpfe	Andere Besonderheiten
1. Garde	rot, Brustteil weiß	weiß	weiß	weiße Kragenlitzen
2. Garde	rot	rot	gelb	gelbe Kragenlitzen
3. Garde (1860)	gelb	gelb	weiß	weiße Kragenlitzen
1. Regiment	rot	weiß	gelb	–
2. Regiment	rot	rot	gelb	–
3. Regiment	rot	gelb	gelb	–
4. Regiment	rot	hellblau	gelb	–
5. Regiment	rot	weiß	weiß	–
6. Regiment	rot	rot	weiß	–
7. Regiment	rot	gelb	weiß	–
8. Regiment	rot	hellblau	weiß	–
9. (1860)	weiß	weiß	gelb	–
10. (1860)	karmesinrot	karmesinrot	gelb	–
11. (1860)	gelb	gelb	gelb	–
12. (1860)	hellblau	hellblau	gelb	weiße Paspel
13. (1860)	weiß	weiß	weiß	Garde-Adler 1899
14. (1860)	karmesinrot	karmesinrot	weiß	–
15. (1860)	gelb	gelb	weiß	–
16. (1860)	blau	hellblau	weiß	weiße Paspel

Die bei allen Gelegenheiten getragene Tschapkaschnur wird seit 1900 beim Exerzieren und Felddienst um den Tschapkahals geschlungen.

du Corps in Galauniform, 1890. Der Adler war den Trompetern erst in diesem Jahr zuerkannt worden. Der Küraß wurde von den Trompetern nie getragen. – 5. 4. Regiment, 1870. – 6. 4. Regiment, 1888. In diesem Jahr war die Lanze bei den Kürassier-Regimentern eingeführt worden und 1891 auch den Unteroffizieren gegeben. Die Farbe der Pferde war unterschiedlich gewesen, jedoch innerhalb der einzelnen Eskadronen gleich. Dennoch haben wir den dunklen Braunen nur bei den Gardes du Corps gefunden, den hellen Braunen bei den Gardekürassieren und den Fuchs beim 1. Regiment. Der Säbel wird ab 1896 am Sattel getragen. – 7. Einjährig-Freiwilliger des 7. Regiments im Gesellschaftsanzug, 1893. – 8. Leutnant des 2. Regiments im Gesellschaftsanzug, 1893. – 9. Trompeter des 5. Regiments in Kleiner Dienstuniform, 1893. Wir erinnern daran, daß dieses Regiment das einzige war, das einen Helm aus Tombak trug, und daß der Küraß aus demselben Metall Offizieren und Unteroffizieren vorbehalten war, während die Truppe den allgemeinen eisernen Küraß trug.

11: a. 1895 erhielt das 2. Regiment einen Abzeichen-Brustschild in Herzform, geschmückt mit einem Adler auf Lanzengrund und darüber eine Kartusche mit der Jahreszahl 1735. Auf den Küraß wurde das gleiche Motiv geschraubt. – b. 1896 wurde das 1. Regiment mit der gleichen Auszeichnung bedacht, jedoch in Form des klassischen Halsschildes, wobei der Adler auf einer Trophäe aus Fahnen und Wappen über einem Schriftband mit den Jahreszahlen 1674–1896 stand. – c. Der hier dargestellte Brustschild wurde den Gardes du Corps erst im Jahre 1912 verliehen.

Obgleich diese zehn Regimenter außerhalb Deutschlands noch häufig als »weiße Kürassiere« bezeichnet werden, hatte das verwendete Tuch in Wirklichkeit eine cremeweiße Farbe.

DEUTSCHLAND ULANEN

1. 1. Garderegiment, Große Uniform mit dem auf die neue Ulanka aufgeknöpften Brustteil in der Abzeichenfarbe. Diese Ulanka trug die Garde seit 1853. Hier ist ein Eskadrons-Chef dargestellt. – 2. 2. Regiment, Dienstuniform 1865 mit der Tschapka im wasserdichten Überzug. Zu dieser Zeit war die Pfeife ein ständiger

12
13
14
11
1
2
3
4
5
15
16
6
10
17
7
8
9
18

Begleiter der meisten Soldaten. – 3. 2. Garderegiment, Galauniform für Offizier, 1865. – 4. 3. Garderegiment, Galauniform der Offiziere, 1865. – 5. Ulan des 11. Regiments in Felduniform, 1890. Dahinter ein Unteroffizier des 4. Regiments während des Krieges 1870. Die beiden Soldaten sind sich frappierend ähnlich; dies ist ein Beispiel unter hundert für die Macht der militärischen Traditionen, die in Deutschland mit erstaunlicher Beständigkeit beachtet werden. – 6. Standartenträger des 13. Regiments. – 7. Württembergischer Ulan in Paradeuniform, 1890. – 8. Bayerischer Ulan im Mantel, 1890. – 9. 16. Regiment, Paradeuniform, 1890 – 10. Trompeter des 11. Regiments in Felduniform, 1890.
11. Tschapka des Modells von 1867. Die abnehmbare Tschapka-Rabatte in der Abzeichenfarbe wurde bei Paraden unter dem Zelt getragen.
Tschapka-Beschläge: 12. 1., 2. und 3. Regiment. – 13. Garde. Der Adler besaß deutlich höher gehobene Schwingen, damit er sich besser an die sehr gedrungene Form der Tschapka-Glocke anpaßte. – 14. 5., 6., 7., 8., 15. und 16. Regiment. Der gleiche Beschlag wurde vergoldet vom 4., 9., 10., 11. und 12. Regiment getragen. – 15. 13. Reg. – 16. 14. Reg. – 17. 17., 18. und 21. Reg. – 18. 19. und 20. Regiment. Das Metall der Knöpfe war offenbar ausschlaggebend für das Metall des Beschlags. Die Beschläge, die auf den deutschen Bildtafeln abgebildet sind, wurden alle im gleichen Maßstab dargestellt.

DEUTSCHLAND HUSAREN

1. Husar des 3. Regiments, 1860. Seit 1853 ist Attila oder Husarka mit fünf Tressenreihen besetzt worden, und seit 1861 ist der Kolpak mit Metallemblemen geschmückt. – 2. Unteroffizier des 3. Regiments, 1870. Seit 1865 ist der Kolpak kleiner und 1867 wird die graue lange Hose durch eine blauschwarze Hose, die mit Stiefeln getragen wird, ersetzt. – 3. Exerzier- und Kasernenuniform, 5. Regiment, 1860. – 4. Paradeuniform, 7. Regiment, 1861. Obgleich dreißig Jahre älter als auf den folgenden Figurinen, war der Schmuck der Attila zu dieser Zeit bereits der gleiche (vergl. Abb. 10). Seit genau diesem Jahr trug das 7. Regiment nicht mehr die dunkelblaue, sondern die »russisch-blaue« Uniform, deren Farbe viel leuchtender war. – 5. Rittmeister des 3. Regiments in Dienstuniform, 1890. Der Dekor der Schabracke war den Offizieren vorbehalten. Links darüber ist das Modell der Truppe zu sehen, hier für die Felduniform des gleichen Regiments. Rechts das Feldmodell um 1900. – 6. Leibgarde-Husaren-Regiment, Sommeruniform, Preußen 1890. Die bis 1867 graue Hose wurde dann dunkelblau und die Schärpe bei den ersten 16 Regimentern schwarz-weiß. Rechts die Vorderseite der Säbeltasche. – 7. Husar des 3. Regiments in Paradeuniform mit dem lose übergehängten Pelz. Im Winter, zum Dienst und zum Ausgang, wird er geschlossen getragen, wie Abb. 9 zeigt. Nachdem 1853 die Pelze abgeschafft worden waren, kamen sie doch 1865 zuerst in der Garde wieder auf, dann in den Regimentern 1, 2, 3, 8, 12, 13, 15 und 16 (siehe Tabelle des Haupttextes) je nach Belieben ihrer Regiments-Chefs. Die Übersichtstafeln geben die Uniformfarben aller Regimenter, so daß jedes Regiment genau nachgebildet werden kann. – 8. Husar des 17. Regiments (Braunschweig). Er trägt eine Schärpe in den Nationalfarben. – 9. Trompeter des Leibgarde-Husaren-Regiments mit dem Pelz, wie er im Winter getragen wurde, 1890. – 10. Trompeter des 4. Regiments, 1890.
Kolpakbeschläge: 11. 1. Leib- und 2. Leib-Husaren-Regiment. – 12. 15. Reg. – 13. 3., 8., 11., 12., 14. und 16. Reg. Dieses Band war beim 4., 5., 6., 9., 10. und 13. Reg. vergoldet. – 14. 17. Reg. (Braunschweigisch). – 15. 7. Reg. – 16. Leibgarde-Husaren-Regiment. Der Beschlag war bei den Offizieren versilbert und emailliert. – 17. 18. und 19. Regiment (Sächsisch).
18. Standarten des 1. Leib-Husaren-Regiments, 1894. Die Standarten des 2., 3., 6., 7., 8., 11. und 12. Regiments waren bis auf die Grundfarbe identisch, die passend zum Dolman gewählt waren, und ausgenommen auch die Goldfransen des 6. und des 7. Regiments. Die des 4., 5., 9., 10., 13., 14., 15. und 16. Regiments hatten quadratische Form. Das 17., braunschweigische, hatte eine besondere Standarte, während das 18. und 19. Regiment (sächsische) keine Standarten besaßen.

Durch einen technischen Fehler ist der Dekor auf der Schabracke des Offiziers des 5. Husaren-Regiments in Abb. 2 auf Seite 151 des 1. Bandes dieses Werks verwischt. In Wirklichkeit hatten Pistolenhalfter und Schabrackenecke den gleichen »Palmetten«-Dekor wie Abb. 3 auf derselben Seite.

DEUTSCHLAND DRAGONER, CHEVAULEGERS UND VERSCHIEDENE

(Seite 125)

1. Unteroffizier des 1. Gardedragoner-Regiments, Kleiner Dienstanzug, 1864. – 2. Dragoner des 10. Regiments, 1870. Der Helm hat noch den quadratischen Augenschirm, während er 1867 bei den meisten anderen Einheiten abgerundet eingeführt wurde. Die Pferdeausrüstung hatte sich nicht geändert (siehe Abb. 3). – 3. Dragoner des 1. Regiments, 1866. – 4. Trompeter des 4. Regiments im Paradeanzug, 1893. Der rote Paradebusch und die Schwalbennester an den Schultern waren Erkennungszeichen für die Musiker, Trommler und Trompeter bei allen Einheiten. – 5. Dragoner des 14. Regiments in Felduniform, 1897. Die Lanze gab es seit 1889, der Kavallerie-Säbel M 89 wurde ab 1895 am Sattel befestigt. – 6. Leutnant des Dragoner-Regiments Nr. 25 (1. Württembergisches) im Paradeanzug, 1893. Seine Regimentszugehörigkeit erkennt man an seiner silbernen, mit roten und schwarzen Streifen durchsetzten Schärpe. – 7. Dragoner des Dragoner-Regiments Nr. 26 (2. Württembergisches), 1893. – 8. Chevauléger des 6. Bayerischen Chevaulégers-Regiments, 1870. – 9. Chevauléger des 5. Bayerischen Chevaulégers-Regiments, 1870. – 10. Unteroffizier des 2. Bayerischen Chevaulégers-Regiments, 1893. – 11. Jäger zu Pferde des Jäger-Regiments zu Pferde Nr. 2 im Jahre 1897, als diese neue Waffengattung eingeführt wurde. Der Helm ist ein Kürassierhelm, jedoch geschwärzt und für Paraden mit einem weißen, herabhängenden Busch ausgestattet. Das 1. und 8. Regiment hatten die Abzeichenfarbe Weiß, das 2. und 9. Rot, das 3. und 10. Gelb und das 7. Rosa. Sie waren mit Hilfe der »Meldereiterdetachements« von 1895 aufgestellt worden. Ihre graugrüne Uniform war schon Vorläufer des allgemeinen »Feldgrau«, das die Farbe der zukünftigen Felduniform, die 1910 eingeführt wurde, in dem abgewandelten schiefergrauen Farbton werden sollte. Die Schabracke zur Großen Uniform war die gleiche wie bei den Kürassieren, mit einer doppelten Borte in Weiß, Rot oder Gelb, je nach Regiment. – 12. Leibgendarmerie, 2. Zug, Schloß-Gala, 1893 (siehe auch Abb. 14). – 13. Reitendes Feldjäger-Korps, Paradeanzug, 1893. – 14. Unteroffizier der Leibgendarmerie, 1. Zug, Dienstanzug, 1893. – 15. Offizier der Landwehr-Kavallerie Württembergs in

12
11
13
14
3
2
5
1
4
18
6
7
8
9
10
15
16
17

Husaren

Im Jahre 1850 trugen alle Husaren einen Kolpak aus Pelz mit einem beweglichen Augenschirm, der dem der Flügelmütze ähnlich war, die bis dahin den meisten Regimentern als Kopfbedeckung gedient hatte[1].

Im Jahre 1860 wurde das Tragen des Schriftbandes »Mit Gott...« vorschriftsmäßig, jedoch wurde schon 1865–1866 ein neuer Kolpak eingeführt, aus schwarzem Seehundfell und 13 cm Höhe für die Truppe, aus Fischotterfell und 15 cm Höhe für die Offiziere.

Im Jahre 1853[2] verloren die Husaren durch die neue Attila oder Husarka ihr ganz typisches Aussehen. Der Pelz, der gleichzeitig abgeschafft worden war, wurde ab 1865 wieder eingeführt, wahrscheinlich um diese übermäßige Vereinfachung zu korrigieren, und zwar zunächst beim Garderegiment, dann zu verschiedenen Zeitpunkten bei den Regimentern 1, 2, 3, 8, 12, 13, 15 und 16, doch handelte es sich da um ein Geschenk der Regimentschefs.

Wir erstellen hier eine Tabelle mit den Besonderheiten der Husaren-Uniform.

Regiment	Attila	Schnüre	Mützenbeutel	Pelzrock	Fellbesatz[3]
Leibgarde-Husaren	rot	gelb	rot	dunkelblau	schwarz
1. Leibhusaren	schwarz	weiß	rot	schwarz	grau
2. Leibhusaren	schwarz	weiß	weiß	schwarz	grau
3.	rot	weiß	rot	dunkelblau	grau
4.	braun	gelb	gelb	–	–
5.	dunkelrot	weiß	dunkelrot	–	–
6.	dunkelgrün	gelb	rot	–	–
7.	schwarz, dann dunkelblau 1854, russischblau 1861	gelb	rot	–	–
8.	dunkelblau	weiß	kornblumenblau	dunkelblau	weiß
9.	kornblumenblau	gelb	kornblumenblau	–	–
10.	dunkelgrün	gelb	pompadour[4]	–	–
11.	dunkelgrün	weiß	rot	–	–
12.	kornblumenblau	weiß	weiß	hellblau	weiß
13.	kornblumenblau	weiß	rot	hellblau (nie getragen)	grau
14.	dunkelblau	weiß	rot	–	–
15.	dunkelblau	weiß	gelb	dunkelblau	schwarz
16.	kornblumenblau	weiß	gelb	hellblau	weiß

Großer Uniform, 1893. – 16. Kürassier des Bayerischen 1. Kürassier-Regiments, 1870. Es wird 1879 zum 1. Schweren Reiter-Regiment (siehe Abb. 18). – 17. Offizier des 2. Schweren Reiter-Regiments, 1893. – 18. 1. Schweres Reiter-Regiment, Großer Dienstanzug, 1893.
Dragoner-Beschläge: 19. 1. und 3. Regiment (beim 3. aus Neusilber). – 20. 1. und 2. Garderegiment (beim 2. ganz versilbert). – 21. 2., 4., 8., 10., 11., 12., 13., 14. und 15. Regiment (beim 8., 11., 12., 13. und 14. vergoldet). – 22. 17. und 18. Regiment (beim 18. vergoldet). – 23. 20. und 22. Regiment. – 24. 23. und 24. Regiment. – 25. 26. Regiment.

DEUTSCHLAND
LINIEN-INFANTERIE (I)
(Seite 127)

Zwischen den Befreiungskriegen gegen die napoleonischen Truppen und 1864 hatte es für das preußische Heer fast 50 Jahre Frieden gegeben, wenn man von den kurzen Demonstrationsaktionen 1848 gegen die liberalen Berliner Revolutionäre, für die Schleswig-Holsteiner und die polnischen Autonomisten absieht. Im Jahre 1864 löste der Streit um Schleswig-Holstein einen kurzen, aber heftigen Krieg aus, dessen Höhepunkt die Erstürmung der Düppeler Schanzen am 18. April und die gewaltsame Landung auf der Insel Alsen am 29. Juni waren (siehe hierzu Fußnoten der Seiten 110–111). Der Zeichner Ludwig Burger skizzierte die malerischen Silhouetten seiner Gefährten während der Kämpfe im Februar, die den entscheidenden Sturmangriffen vorausgingen.

1. Siehe »Historische Uniformen, 19. Jahrhundert«, Band I, Seite 151, Abb. 6 und 7.
2. Und nicht 1843, wie wir irrtümlich im 1. Band dieses Werkes geschrieben haben.
3. Die Offiziere hatten stets einen grauen Fellbesatz, gleich, welchem Regiment sie angehörten.
4. Eine Art karmesinfarbenes Rosa im Ton des Wangenrots, das im 18. Jahrhundert zum Schminken benutzt wurde.

19
20
21
3
5
6
1
2
4
7
23
11
22
8
9
10
18
12
13
14
15
16
17
24
25

Dragoner

Bis 1867 befanden sich auf dem Kragen Patten in der Abzeichenfarbe, dann nahm der ganze Kragen Abzeichenfarbe an. Die in der Abzeichenfarbe gepaspelten, hellblauen Ärmelaufschläge wurden ab Ende 1866 ganz in diesem Ton eingefärbt.

Nachstehend die Übersichtstabelle über die Regimenter ab 1850:

Regiment	Abzeichenfarbe	Knöpfe	Bemerkungen
1. Garderegiment	rot	gelb	gelbe Kragenlitzen
2. Garderegiment	rot	weiß	weiße Kragenlitzen
1. Regiment	rot	gelb	
2. Regiment	schwarz	gelb	
3. Regiment (ab 1897 Grenadiere zu Pferde)	rosa	weiß	
4. Regiment	pompadour 1850-1858, dann hellgelb	gelb 1850-1858, dann weiß	
5. Regiment (1860)	rot	weiß	
6. Regiment (1860)	schwarz	weiß	
7. Regiment (1860)	rosa	gelb	
8. Regiment (1860)	gelb	gelb	
9. Regiment (1866)	weiß	gelb	
10. Regiment (1866)	weiß	weiß	
11. Regiment (1866)	karmesinrot	gelb	
12. Regiment (1866)	karmesinrot	weiß	
13. Regiment (1866)	rot	gelb	
14. Regiment (1866)	schwarz	gelb	weiße Paspel am Kragen und an den Ärmelaufschlägen
15. Regiment (1866)	rosa	weiß	weiße Paspel am Kragen und an den Ärmelaufschlägen
16. Regiment (1866)	gelb	weiß	weiße Paspel am Kragen und an den Ärmelaufschlägen

1. Uniform beim Sturmangriff auf Düppel und Alsen, 1864. Nach den offiziellen deutschen Meistern des vergangenen Jahrhunderts hatten die Truppen sich aller entbehrlichen Ausrüstung entledigt und lieber die Mütze, die respektlos »Krätzchen« genannt wurde, als den schweren Helm von 1857 aufgesetzt. Die österreichischen und preußischen Verbündeten trugen eine weiße Armbinde, um sich von den Dänen zu unterscheiden, denn deren Uniformrock war ähnlich (siehe Abb. 3). – 2. Verschiedene Uniformen, die während der Besetzung im Winter 1864–1865 getragen wurden. Die unpraktischen Stiefel mit kurzen Schäften werden nach und nach durch hochschäftige Stiefel ersetzt; die ersten kommen im März 1864 an die Truppen, ab 1866 tragen alle sie. Sofort bekamen sie den Spitznamen »Knobelbecher«. – 3. Dänischer Infanterist in Felduniform, 1864. – 4. Preußischer Infanterist, 1870. – 5. Trommler im Mantel, 1870. – 6. Preußischer Jäger, 1854. – 7. Preußischer Jäger, 1870. Wenn man die Uniform mit der von Abb. 7 der folgenden Bildtafel vergleicht, sieht man, daß beide bis auf die Höhe des Tschakos und die Art der Ausrüstung praktisch identisch sind. – 8. Infanterist von 1871 mit dem Helm, der wieder mit der Hinterschiene ausgestattet ist, jetzt aber ohne Befestigungsstifte. Die Landes-Kokarde ist nach links gewechselt, rechts sitzt jetzt die Reichs-Kokarde. Dieser Helmtyp wird an Abb. 1 der folgenden Bildtafel gezeigt.
Helmbeschläge: 9. 1. Grenadier-Regiment. Es handelt sich um den Garde-Adler, ohne den Stern, der von mehreren Regimentern mit oder ohne Gedenkinschriften getragen wird. – 10. 4. Grenadier-Regiment. Es ist der Adler üblichen Typs, das Gedenkschriftband ist ungewöhnlich groß. – 11. Allgemeines Modell, bestimmt für die preußische Infanterie. – 12. Füsilier-Regiment Nr. 73 (Hannoversches), mit einem Beispiel für ein Gedenkschriftband, das zu beiden Seiten des Adlerkopfes angebracht ist. – 13. Großherzoglich Mecklenburgisches Grenadier-Regiment Nr. 89 (II. Bataillon, Mecklenburg-Strelitz). – 14. 1. Badisches Leib-Grenadier-Regiment Nr. 109.

9
1628
10
1
2
3
11
12
4
5
6
7
8
13
14
L.&F. FUNCKEN

Die Lanze, Königin der Waffen

Außer den Ulanen war kein Kavallerie-Regiment mit der Lanze bewaffnet gewesen, als plötzlich Wilhelm II. im Jahre 1888 seine Kürassiere damit ausstattete und zwei Jahre später die gesamte Kavallerie.

Sie bestand zunächst aus Holz, wurde aber seit 1890 aus einem 3 m langen Gußstahlrohr gefertigt, das mit einer vierkantigen Spitze aus gehärtetem Stahl versehen war. Das untere Schaftende war zugespitzt, so daß die Lanze beidseitig verwendbar war.

Das Handhaben der Lanze, die als Waffe praktisch aufgegeben worden war, weil viele ihre Wirksamkeit in Zweifel zogen, wurde in Deutschland bis zum Äußersten geübt. Man begann mit den Übungen zu Fuß, dann zu Pferde, damit die Waffe im gegebenen Augenblick so wirksam wie möglich eingesetzt werden konnte, denn ihre Anhänger hielten sie sowohl gegen Infanterie als auch gegen Kavallerie für unbezwingbar.

Diese intensiven Vorbereitungen beunruhigten die potentiellen Feinde Deutschlands so sehr, daß sie bald ihre Eskadronen mit der Lanze ausrüsteten, trotz der Proteste von realistisch denkenden Offizieren.

Die Zukunft sollte diesen Skeptikern recht geben, denn im tatsächlichen Kampf störte die Lanze mehr als sie nützte. Die heldenhaften Angriffe, die im Laufe des Ersten Weltkriegs sporadisch erfolgten, endeten immer mit blutigen Verlusten auf der Seite der »Lanzenreiter« [1].

Deutsche Artillerie

Nach 1870 setzte sich die Feldartillerie aus drei Geschützen zusammen:

Kaliber	Modell	Gewicht
90 mm	HC/73	450 kg; mit Lafette: 995 kg
88 mm	KC/73/88	995 kg; Geschütz und Lafette
88 mm	C 73/91	440 kg; mit Lafette: 950 kg

Das letztere Modell sollte die beiden anderen ersetzen [2].

Es ist bemerkenswert, daß schwere Kanonen und leichte Kanonen dasselbe Kaliber benutzten, wodurch die Munitionsanlieferungen beträchtlich vereinfacht wurden.

Folgende Geschosse wurden verwendet: 1. das Schrapnell Modell 1891 mit 260 runden Stahlkugeln von je 15 g; man schätzte, daß das Schrapnell

DEUTSCHLAND LINIEN-INFANTERIE (II)

(Seite 129)

1. Infanterist in Sommer-Felduniform, um 1880. Der Helm ist wieder mit der Hinterschiene ausgerüstet; die metallenen Kinnriemen verschwinden gleichzeitig mit der kupfernen Verstärkung des Augenschirms im Jahre 1887. – 2. Unteroffizier der Grenadiere in Parade-Uniform, 1893. Die Linien-Grenadiere trugen einen schwarzen Busch, der Augenschirm hatte seit 1891 wieder einen kupfernen Rand. – 3. Sächsischer Infanterist in Felduniform, 1893. Anders als bei der hier gezeigten Figurine hatte der Infanterist seit 1867 auch einen dunkelblauen Uniformrock. – 4. Schellenbaum-Träger in Parade-Uniform. Dieses eigenartige Instrument, das auch »Halbmond« genannt wird, erinnerte durch die Erbeutung der alten Kriegsembleme des Islams stets an den Sieg über die Türken im 18. Jahrhundert. – 5. Infanterist in Felduniform, 1900. Die Schützenschnur zeigt an, daß er ein guter Schütze ist. Der Knopf auf dem Kragen gibt an, daß er Gefreiter ist. – 6. Derselbe, Rückansicht, mit dem Tornister von 1895. Die Vorschrift verlangte, daß der Mantel und die Zeltbahn am unteren Rand des Tornisters abgeschlossen, daß das Kochgeschirr mit dem Deckel rechts befestigt wurde, daß die linke Seite des Brotbeutels exakt mit dem Rockschlitz zusammenfiel usw. – 7. Jäger in Felduniform, 1890. – 8. Hornist der Jäger in Felduniform mit Mantel, 1893. Rechts der Tschako. Unter a Detail des Tornisters mit Dachskopf, daher die Bezeichnung »Dachs« für Tornister der Jäger. – 9. Neuer Helm von 1867. Er ist deutlich kleiner geworden, hat einen abgerundeten Augenschirm und eine kleinere Kokarde, auch ist die Helmhinterschiene hinten an Helmglocke und Nackenschirm fortgefallen. – 10. Helm von 1891. Die allmähliche Entwicklung ist abgeschlossen: Zwischen 1842 und 1891 hatte der Helm 18 cm verloren. Wir betonen nochmals, daß die Kokarde rechts für das Kai-

1. Über die geschichtliche Entwicklung der Lanze kann in den Bänden über die Ritterzeit nachgelesen werden (»Rüstungen und Kriegsgerät der Ritter und Landsknechte« und »Rüstungen und Kriegsgerät im Mittelalter«).

2. Schließlich war es das 77er Kaliber, Modell 1896 »neuer Art«, mit dem 1914 die Feindseligkeiten eröffnet wurden, zusammen mit den Haubitzen der Kaliber 105 und 150.

11
12
9
10
1
2
3
13
14
5
6
a
4
7
8
15
16

bei der Explosion 300 Kugeln oder Splitter freisetzte; 2. die Torpedo-Granate Modell 1888, die ungefähr 500 Splitter verstreute; 3. die Kartätsche, die 50–76 Kugeln zu je 70 g enthielt. Die leichte Kanone wurde mit einem Geschoß von 5,6 kg geladen und die schwere Kanone mit einem Geschoß von 8 kg.

Es ist nicht übertrieben zu sagen, daß der Zerstörungseffekt der Artillerie seit 1870 sich zumindest verzwanzigfacht hatte und daß die Reichweite der Kartätschen sich verfünfzehnfacht hatte.

Man hat festgestellt, daß im Konflikt von 1870 die deutsche Artillerie ihr französisches Gegenstück durch ihren Massenbeschuß schlug, wobei sie gleich zu Beginn der Schlacht eine gute Stellung einnahm, von der aus sie ihr Feuer nur noch verkürzte oder verlängerte.

Der Gesamtverbrauch an Munition während des Krieges 1870–1871 wurde auf 357237 Kanonenschüsse geschätzt, wobei eine bayerische Batterie die höchste Leistung vollbrachte: sie allein feuerte 4477 Schuß ab.

Im Jahre 1897 zählte die Feldartillerie 43 Regimenter, darunter 2 Garderegimenter, mit insgesamt 447 bespannten und 47 reitenden Batterien.

Preußen stellte drei Viertel davon, Bayern trug 54 Batterien bei, Sachsen 33 und Württemberg 23[1].

Die Fußartillerie stellte eine eigene Waffengattung dar und umfaßte in Friedenszeiten 37 Bataillone, die in 17 Regimenter gegliedert waren. Im Bedarfsfall kamen 37 Landwehr-Bataillone hinzu.

serreich stand (schwarz-weiß-rot, von außen gerechnet) und die Kokarde links für das jeweilige Land. Vor 1870 wurde nur eine Kokarde rechts getragen, die auf das jeweilige Land hinwies.
Helmbeschläge: 11. Braunschweig. – 12. Sachsen. – 13. Hessen. – 14. Hessen. – 15. Württemberg. – 16. Bayern.

DEUTSCHLAND
LINIEN-INFANTERIE (III)
SCHLOSSWACHE

1. Grenadier in Sommer-Paradeuniform, Sachsen, 1893. – 2. Jäger, Sachsen, 1866. – 3. Jäger in Felduniform, 1893. – 4. Jäger, Sachsen, 1870. – 5. Infanterie, Felduniform im Mantel, Sachsen, 1893. – 6. Infanterie, Sachsen, 1870. – 7. Infanterie-Trommler, Sachsen, 1893.
Offiziere: 8. Hannover, 1866. – 9. Sachsen, Paradeuniform für den Sommer, 1893. Der schwarze Busch weist darauf hin, daß es sich um ein Grenadier-Regiment handelt. – 10. Mecklenburg-Schwerin, 1866. – 11. Württemberg, Paradeuniform der (berittenen) höheren Offiziere, 1893. – 12. Anhalt, 1860. – 13. Bayern, Paradeuniform, 1893. – 14. Baden, 1866.
15. Hornist der Jäger, Preußen, 1893. – 16. Jäger, Württemberg, 1870. – 17. Schloßgardekompanie, Preußen, 1893. Vergleiche Abb. 15 in Band I dieses Werkes, Seite 137. – 18. Jäger, Bayern, 1870. – 19. Schloßgardekompanie, Württemberg, 1893. – 20. Infanterie, Sachsen, 1866. – 21. Musiker der Infanterie, Württemberg, 1893.

1. Der herabhängende Parade-Busch, Haarbusch genannt, war bei der preußischen Garde und bei Württemberg weiß, bei Bayern rot. Die Bayern hatten eine Spitze, und nicht eine Kugel, auf dem Helm.

1
2
3
4
5
6
7
8
9
10
11
12
13
14
15
16
17
18
19
20
21

12
1
2
3
4
5
13
14
6
7
8
9
10
11
L. & F. FUNCKEN

VIERTER TEIL

DAS ÖSTERREICHISCH-UNGARISCHE HEER[1]

Studiert man die Österreichisch-Ungarischen Heere, ergibt sich immer deutlicher der Eindruck, daß Sparsamkeit und Einfachheit geherrscht haben, was dem Leser beim Betrachten unserer Bildtafeln sicherlich auffallen wird.

Die Beschaffenheit des Staatsgebiets und besonders Tirols wurde hervorragend genutzt, und als Österreich 1866 von Italien angegriffen wurde, erwies sich bei der Verteidigung, daß die ergriffenen Maßnahmen äußerst klug gewesen waren.

Die harten Lehren aus der Niederlage gegen Preußen – dessen überlegene Militärorganisation es diesem Lande ermöglichte, seine Kräfte schneller zu mobilisieren und zusammenzuziehen – veranlaßten Österreich dazu, zumindest teilweise das Handikap abzubauen, das ihm aus einem mangelhaften, häufig eingleisigen Eisenbahnnetz erwuchs. Aber wenn auch dank reichlich vorhandener Pferde die Mobilisierung der Kavallerie in verhältnismäßig kurzer Zeit möglich war, so dauerte sie bei der Infanterie doch sehr lange, vor allem im Konfliktfall, weil die Entfernungen zwischen den verschiedenen Armee-Korps und den Regionen, aus denen sie ihre Reserve-Kontingente bekamen, so groß waren.

DEUTSCHLAND
ARTILLERIE UND PIONIERE

1. Garde-Artillerist, Preußen, 1864. – 2. Pionier, Preußen, 1864. – 3. Garde-Artillerist, Preußen, 1870. – 4. Garde-Pionier, Preußen, 1870. – 5. Fußartillerist, Preußen, 1893. – 6. Reitende Artillerie, Sachsen, 1893. – 7. Fußartillerie, Sachsen, 1893. – 8. Trompeter der reitenden Artillerie in Paradeuniform, Sachsen, 1893. – 9. Trompeter des Garde-Pionier-Bataillons, Preußen, 1893. – 10. Pionier, Sachsen, 1893. – 11. Trompeter der Fußartillerie, Württemberg, 1893.
Helmbeschläge: 12. Preußische Garde, Fußartillerie. – 13. Preußen, 2. Fußartillerie-Regiment. – 14. Bayern, Fußartillerie und Train.

Infanterie

Wenige Infanteristen trugen eine so veraltete Kleidung wie der österreichisch-ungarische Soldat mit seinen engen Hosen und den Schnürschuhen.

Sein Aussehen modernisierte sich radikal, als die lange Hose und, 1868, der dunkelblaue Waffenrock eingeführt wurden.

Das Gesetz von 1889, mit dem die Rekrutierung geregelt wurde, schrieb den obligatorischen Militärdienst zwischen dem 20. und dem 43. Lebensjahr vor.

Das aktive Heer, die Reserve zur Auffüllung und die Landwehr konnten 2½ Millionen Männer aufbieten, die leider aber ein äußerst heterogenes Heer bildeten, da die Soldaten den verschiedensten Völkern angehörten.

1. Kaiser Franz Joseph hatte den ungarischen Aufstand und Freiheitskrieg von 1848–1849 mit der Unterstützung Rußlands niederschlagen können. Nachdem er aber bei Sadowa (Königgrätz) besiegt worden war und die Vorherrschaft im Deutschen Bund verloren hatte, sah er sich innenpolitischen Auseinandersetzungen mit den verschiedenen Völkerschaften, aus denen sich sein Reich zusammensetzte, gegenüber. Er fand sich 1867 dazu bereit, seine Staaten in zwei autonome Teile zu trennen, und er führte seitdem den Titel eines Kaisers von Österreich und eines Königs von Ungarn. Zwar kam diese Lösung den ungarischen Wünschen entgegen, doch hatte dieses sogenannte dualistische Regime den schweren Nachteil, daß die Slawen außer Acht gelassen waren. Da sie aber zahlreicher waren als die Deutschsprachigen und die Ungarn zusammengenommen, lag hier der Keim zur Auflösung der Monarchie.

Die 102 Infanterie-Regimenter entsprachen jeweils einem der 102 Ergänzungsbezirke, in die das Staatsgebiet aufgeteilt war, aber wenn die Depots in den Ergänzungsstandorten auch gut eingerichtet waren, so lagen sie manchmal doch fern vom Regiment.

Die Gefahr, die sich aus der Vielfalt der Völker ergab, die in der Armee dienten, läßt sich gut an der Haltung der italienischen Kontingente während des Kriegs 1866 aufzeigen. Da Österreich fürchtete, die Italiener könnten desertieren, waren sie an der Nordfront eingesetzt und unter die alliierten Truppen Bayerns, Hessens usw. gemischt, und nicht gegen ihre »Brüder«, die in Italien für die Einheit kämpften. Obgleich die Austro-Italiener österreichischen Offizieren unterstellt waren, ergaben sie sich truppenweise den Preußen, und es passierte sogar, daß ein venetianisches Regiment sich bei Aschaffenburg mit dem Ruf »Es lebe Preußen! Es lebe Italien!« gefangennehmen ließ.

Die österreichisch-ungarische Militärhierarchie war, speziell bei den Unteroffizieren, ganz ähnlich aufgebaut wie in Preußen. Nachstehend die Benennungen:

1. Corporal (Unteroffizier);
2. Zugsführer (bis 1857 Zugscorporal);
3. Feldwebel (Wachtmeister oder Feuerwerker);
4. Cadet-Offizierstellvertreter.

Die Offiziershierarchie umfaßte sechs Ränge:

1. Lieutenant;
2. Premier-Lieutenant;
3. Hauptmann (Rittmeister);
4. Major;
5. Oberstlieutenant;
6. Oberst.

Die vier letzten Ränge waren in Deutschland gleich.

Die Offiziere in Generalsrängen, die bürgerlicher Herkunft waren, wurden meist vom Kaiser geadelt und hatten zusätzlich Anspruch auf den Titel Exzellenz.

Mit der Einführung des Schnellfeuergewehrs wurde mehr Munition ausgegeben und dem Infanteristen 20 Patronenmagazine zu 5 Patronen zugeteilt, durch Lieferungen der Munitionswagen und Divisionssektionen stieg die Menge auf insgesamt 215 Schuß.

Im Vergleich hierzu verfügte der deutsche Infanterist über 24 Magazine zu 5 Patronen plus einer zugänglichen Reserve von 130 Patronen; der britische hatte 100 Schuß plus 162; der russische schließlich hatte die wenigste Munition, nämlich 84 Patronen bei sich und konnte höchstens 122 verbrauchen, danach mußte er sich beim Munitionslager der Division oder dem Artillerie-Park des Armee-Korps um Nachschub melden.

ÖSTERREICH-UNGARN
INFANTERIE

1. Ungarischer Infanterist, 1820. – 2. Österreichischer Infanterist, 1840. – 3. Österreichischer Grenadier, 1848. – 4. Ungarischer Grenadier, 1853. Die Pelzmütze wurde auch bei den österreichischen Truppen durch den Tschako ersetzt. – 5. Österreichischer Infanterist in Felduniform mit Lagermütze, während der Besetzung Schleswig-Holsteins im Winter 1864–1865. Der ungarische Infanterist hatte die gleiche Uniform, jedoch mit eng anliegenden Hosen mit gelbem und schwarzem Streifen.
Entwicklung der Uniform: 6. 1808–1825. – 7. 1836–1849. – 8. 1849–1861. – 9. 1861–1867. – 10. 1867–1914.
11. Österreischischer Infanterist in Paradeuniform, 1878. Die Felduniform war genau die gleiche wie die an Abb. 14 gezeigt, einschließlich Mütze. – 12. Ungarischer Infanterist in Paradeuniform, 1878. – 13. Ungarischer Infanterist in Felduniform mit Mantel, 1878. Die moderne Silhouette macht besonders deutlich, wie anachronistisch die ungarischen eng anliegenden Hosen aussahen. – 14. Felduniform, 1896. Das Hechtgrau wird erst 1909 eingeführt. Entgegen der allgemeinen Meinung war es keineswegs mehr das Himmelblau, das hier an der Hose gezeigt wird, sondern eine bläuliches Grau, das ein wenig dunkler als das französische Horizontblau war. Nur die Offiziere trugen ein gemäßigtes Himmelblau, jedenfalls nach den Mustern, die wir fanden. – 15. Paradeuniform, 1890.

1
2
3
4
5
6
7
8
9
10
11
12
13
14
15

Kavallerie

Am Ende des Jahrhunderts gab es in der Kavallerie keine Kürassiere mehr – sie waren 1868 aufgelöst worden –, sondern nur noch 15 Regimenter Dragoner, 11 Regimenter Ulanen und 16 Regimenter Husaren, die alle zur Leichten Kavallerie gerechnet wurden.

Während die Ulanen in Galizien und Kroatien rekrutiert wurden, bekam die Monarchie ihre Dragoner aus Böhmen und den deutschsprachigen Gebieten. Die Husaren kamen ausschließlich aus Ungarn und Siebenbürgen.

Alle diese Reiter waren auf gleiche Weise ausgerüstet und mit Pferden versehen. Alle waren gleich bewaffnet, mit Säbel und Karabiner. Die Ulanen hatten seit 1884 keine Lanze mehr.

Wir geben nachstehend Übersichtstafeln über die verschiedenen Regimenter.

Dragoner (1868–1914)

Abzeichenfarbe	Knöpfe weiß	gelb	Abzeichenfarbe	Knöpfe weiß	gelb
schwarz	2. Reg.	6. Reg.	grasgrün	4. Reg.	9. Reg.
weiß	–	15. Reg.	dunkelrot	1. Reg.	3. Reg.
dunkelgelb	5. Reg.	12. Reg.	krapprot	13. Reg.	14. Reg.
schwefelgelb	7. Reg.	10. Reg.	scharlachrot	11. Reg.	8. Reg.

Ulanen (1867–1900)

Regiment	Zelt der Tschapka	Knöpfe
1.	dunkelgelb	gelb
2.	dunkelgrün	gelb
3.	krapprot	gelb
4.	weiß	gelb
5.	himmelblau	gelb
6.	dunkelgelb	weiß
7.	dunkelgrün	weiß
8.	krapprot	weiß

ÖSTERREICH JÄGER UND GRENZTRUPPEN

1. Grenz-Infanterie, auch »Konfinär«-Infanterie genannt (nach »Konfin«, wie die Militärgrenze allgemein genannt wurde. d. Ü.), 1820. – 2. Grenz-Infanterie, 1848. – 3. Irregulärer Infanterist, 1848. Zu jedem Grenz-Infanterie-Regiment gehörte ein »Seressans«-Korps, das in besonders kräftige Farben gekleidet war. – 4. Jäger, 1821. Schon zu dieser Zeit trug der Gebirgssoldat den sogenannten »Jägerhut«; er bleibt Kopfbedeckung bis 1914. – 5. Jäger, 1848. – 6. Jäger in Felduniform für den Sommer, 1859. – 7. Jäger, 1861. – 8. Tiroler Kaiserjäger, 1890.

Seit die Jäger am Ende des 18. Jahrhunderts aufkamen, trugen sie eine graue Uniform mit grünem Besatz (siehe »Historische Uniformen, 18. Jahrhundert« und »Napoleonische Zeit«). Dieses berühmte Korps führte sehr bald das Hechtgrau ein, welches der allererste, dem Gelände angepaßte Farbton war, der in den modernen Heeren verwendet wurde.

1
2
3
4
5
6
7
8

Regiment	Zelt der Tschapka	Knöpfe
9. (aufgelöst)	–	–
10.	himmelblau	weiß
11.	dunkelblau	weiß
12.	dunkelblau	gelb

Husaren (1868–1914)

Regiment	Flamme des Kolpaks dann Tschako	Attila und Pelz	Knopf-Olive
1.	dunkelblau	dunkelblau	gelb
2.	weiß	hellblau	gelb
3.	weiß	dunkelblau	gelb
4.	krapprot	hellblau	weiß
5.	krapprot	hellblau, dann dunkelblau	weiß
6.	aschgrau	hellblau	gelb
7.	hellblau	hellblau	weiß
8.	krapprot	dunkelblau	gelb
9.	weiß	dunkelblau	weiß
10.	hellblau	hellblau	gelb
11.	aschgrau	dunkelblau	weiß
12.	weiß	hellblau	weiß
13.	dunkelblau	dunkelblau	weiß
14.	krapprot	dunkelblau, dann hellblau	gelb
15.	aschgrau	dunkelblau	gelb
16.	aschgrau	hellblau	weiß

Die Honvéd[1]-Kavallerie, die 60 Eskadronen in 10 Regimentern stellte, trug die Husaren-Uniform mit rotem Tressenbesatz und einen mit weißem Fell garnierten Pelzrock.

Das österreichisch-ungarische Kavallerie-Regiment umfaßte bei Mobilmachung 6 aktive Eskadronen zu 166 Reitern und 5 Offizieren, dazu eine 7. mobile Eskadron, die Reserve-Eskadron, und eine 8. Ersatz-Eskadron.

Die Kavallerie der Landwehr bestand aus Husaren, Ulanen, Karabiniers aus Tirol und Dalmatien, die zusammen mit der Linien-Kavallerie insgesamt 65300 Pferde stark war[2].

ÖSTERREICH
KAVALLERIE (I)

1. Ulan, 1840. Die Kurtka hatte nur eine Epaulette rechts, bis Anfang der 1850er Jahre die Ulanka eingeführt wurde. – 2. Ulan, 1860. Im Jahre 1867 wird der Ulanka genannte Rock bei allen Regimentern kräftig blau und die Hose rot. Das Zelt der Tschapka oder der »Tatarka« und das Metall der Knöpfe bilden die einzigen Unterscheidungsmerkmale für die Regimenter. – 3. Trompeter der Husaren, 1880. Seit 1868 trug die gesamte Kavallerie eine Uniform in kräftigem Blau und Rot, die sie bis 1914 beibehielt. Husaren, Dragoner und Ulanen unterschieden sich praktisch nur noch durch die Kopfbedeckung. – 4. Leibgendarmerie, 1850. – 5 und 6. Gendarm der Leibgarde, 1868. Der Rücken war, wider alles Erwarten, sehr viel schlichter gehalten als die buchstäblich goldgespickte Vorderseite. Diese Uniform, die von der ältesten Einheit der Leibgarde des Souveräns getragen wurde, blieb bis zum Ende des österreichischen Kaiserreichs erhalten. – 7. Husaren-Offizier, 1848. – 8. Husaren-Offizier, 1820. – 9. Ulan, 1830.

1. Heißt ungarisch soviel wie Vaterlandsverteidiger. Diese Bürgerwehr wurde 1848 zum Schutze der Unabhängigkeit Ungarns aufgestellt. Neben der gemeinsamen k.u.k. Armee der Gesamtmonarchie wurde 1867 für Ungarn eine besondere Streitmacht, die königlich-ungarische Landwehr und der königlich-ungarische Landsturm geschaffen. Auch der nicht-ungarische Teil der Monarchie erhielt eine eigene Streitmacht: die kaiserlich-königliche Landwehr und den kaiserlich-königlichen Landsturm. So bestand also die gesamte Streitmacht des Habsburger Reiches de facto aus drei Armeen, von denen jede einem eigenen Kriegsministerium unterstand.

2. Deutschland war in der Lage, 105000 zu stellen!

1
2
3
4
5
6
7
8
9
F. FUNCKEN

Bewaffnung

Der Küraß, dem nachgesagt wurde, daß er seinem Träger größeres Selbstvertrauen und mehr Kühnheit verleihen könne, wurde allein noch in Frankreich für nur 14 Kürassier-Regimenter von den insgesamt 94 Kavallerie-Regimentern laut Gesetz von 1887 beibehalten.

Aufschlußreicher ist noch, daß Österreich die Lanze aufgab und, wie man im nächsten Kapitel sehen wird, daß auch Rußland dies weitgehend tat, denn das zeigt, daß dort die Verantwortlichen die kommenden Ereignisse, die ihnen auf grausame Weise Recht geben sollten, klar voraussahen.

An Lehren aus der Geschichte fehlte es nicht, angefangen bei den nur kurze Zeit zurückliegenden Beispielen aus den Napoleonischen Kriegen. Im Jahre 1809 hatten die Ulanen ihre Lanze fortgeworfen, um dem Angriff der Chevaulégers besser begegnen zu können, denn die Lanze hatte die Ulanen im Gefecht viele Male behindert.

Auch die besten Lanzenreiter konnten ihren Stoß nicht ansetzen, mit aller Kraft zustechen, ohne Gefahr zu laufen, daß sie dadurch aus dem Sattel gehoben wurden, und bei hundert Gelegenheiten konnten mit dem Säbel angegriffene Lanzenreiter weder stechen noch parieren. Viele Infanteristen wehrten die lange Lanze einfach mit dem Gewehr ab. Und die angeblich so mörderischen Lanzenstiche verursachten meist nur leichte Verwundungen. Es gab so viele Beispiele, daß Kämpfer, die mehrere Stiche abbekommen hatten, dennoch mit dem Leben davonkamen.

Dazu kam, daß das starke Pferd der Kürassiere zu schwer war und das des Husaren oder des Jägers im Rücken und in den Gelenken nicht stark genug, um den heftigen Bewegungen mit der Lanze standzuhalten. Napoleon hatte das sehr wohl begriffen, als er sie seinen zu Chevaulégers-Lanciers umgewandelten Dragonern gab.

Die hartnäckigsten Anhänger der Lanze empfahlen, ein großes, kräftiges und sehr bewegliches Reittier zu wählen ... aber der Ulan mußte auch zu einem ausgezeichneten Reiter gemacht werden, was die Preußen mit mehr Energie als jede andere Nation zu tun versuchten.

Die fürchterliche Lanzenreihe sollte den Gegner vor Schrecken lähmen, und man hatte sich auch vorgestellt, daß die Waffe vor dem Zuschlagen plötzlich gehoben werden sollte und die Reihen der Hurra schreienden Reiter wie mit Stacheln bewehren würde. Außer mit dem Säbel war die Kavallerie mit einem Repetier-Karabiner bewaffnet, der immer noch nach Grenadierart (d.h. am Bandelier) getragen wurde, wobei der Griff des Schaftes mit einem Riemen befestigt war, damit die Waffe fast unbeweglich über dem Rücken lag.

ÖSTERREICH KAVALLERIE (II)

1. Chevauléger, 1820. Der Dragoner trug eine identische Uniform, jedoch weißgrundig. – 2. Chevauléger, 1850. Im Jahre 1852 wurden die Chevaulégers zu Dragonern oder Ulanen umgebildet. Es gab vier Regimenter Chevaulégers, die mit einem weißen Waffenrock bekleidet waren, und drei, die einen grünen trugen. – 3. Kürassier, 1859. Sie verschwanden im Jahre 1868 ganz. Schon 1860 ähnelten sie, ohne ihren Küraß, zum Verwechseln den Dragonern (siehe Abb. 5). Die blaue Hose entsprach dem Modell von Abb. 2. – 4. Dragoner, 1830. Die hohen Stiefel und die weiße Hose verschwinden 1840, und der Stil der napoleonischen Zeit ist 1850 ganz aus der Uniform verschwunden (siehe Abb. 5). – 5. Dragoner, 1850. In diesem Jahr wurde der Waffenrock eingeführt und der Raupenhelm aufgegeben. Die Chevaulégers im weißen Waffenrock bekamen ebenfalls eine kräftig blaue Hose; sie ähnelten von nun an den Dragonern. – 6. Dragoner (Ex-Chevauléger), 1866. Im Jahre 1868 wird die Uniform mittelblau und rot, 1890 erhält sie Hellblau und Rot als Farben. Aber bis dahin trugen die Ex-Chevaulégers wie dieser hier, die in drei von sieben Regimentern grün gekleidet waren, ihre Uniform mit der grünen Hose. – 7. Dragoner, 1880. – 8. Dragoner, 1900.

Von allen Heeren der großen europäischen Nationen bietet das Heer des mächtigen Habsburger-Reiches ein frappantes Beispiel von Einfachheit und Sparsamkeit.

1
2
3
6
8
7
4
5
L. & F. FUNCKEN

Artillerie

ÖSTERREICH
ARTILLERIE UND PIONIERE

1. Artillerist, 1836. – 2. Artillerie-Train, 1836. – 3. Sappeur, 1836. – 4. Artillerist, 1852. – 5. Artillerist, 1863. – 6. Artillerie-Offizier, 1863. – 7. Pionier, 1852. – 8. Sappeur-Mineur, 1852.
Artilleristen und Soldaten der technischen Truppen behielten, bis zur Einführung der neuen hechtgrauen Felduniform im Jahre 1909, in der Artillerie die braune Uniform bei, die anderen trugen ihren himmelblauen Waffenrock und die graublaue Hose bis 1914.

Am Ende des Jahrhunderts verwendete die österreichisch-ungarische Artillerie drei besondere Geschütze, die alle aus Bronze-Stahl hergestellt waren:
Die Kanone 9 cm schwer, Kaliber 87 mm;
die 9 cm leicht;
die 7 cm-Gebirgskanone des Kalibers 66 mm.

Die Kanonen von 9 cm verschossen eine gewöhnliche Granate, ein Schrapnell mit 167 Kugeln oder eine Brandgranate; das Gebirgsgeschütz wurde mit einer Granate oder einem Schrapnell mit 58 Kugeln geladen.

Die Feldartillerie umfaßte 14 Brigaden, die jeweils 1 Korps-Regiment und 3 Divisions-Regimenter stark waren.

In Tirol bestand die Gebirgsartillerie aus 3 Batterien mit je 4 Geschützen.

Alle Regimenter hatten 4 bespannte Batterien zu je 8 Geschützen.

Im Kriegsfalle sollten 8 unabhängige Kavallerie-Divisionen jeweils 2 reitende Batterien erhalten. Die Korps-Regimenter, die bereits mit einer Gebirgsbatterie ausgestattet waren, erhielten bei der Mobilmachung eine weitere, und das 3. Regiment einer jeden Division erhielt dann zwei.

Die Ersatzeinheiten nicht gerechnet, konnte die österreichisch-ungarische Artillerie im kriegsbereiten Zustand 280 bespannte Batterien einsetzen, sowie 16 reitende Batterien, 30 Gabirgsbatterien und 4 Schmalspur-Batterien, die in Tirol standen. Das machte 330 Batterien, davon 280 zu je 8 Geschützen, 16 zu 6 Geschützen, 34 zu 4 Geschützen, d.h. insgesamt 2472 Kanonen.

Die Festungsartillerie umfaßte 6 Regimenter und 3 unabhängige Bataillone, also 18 Bataillone insgesamt.

Die Landwehr stellte keine Sonderformationen für die Feld- oder Festungsartillerie.

Die Reservisten waren zu Ersatzkompanien zusammengefaßt, aus denen man schöpfte, wenn die Kompanien des aktiven Ersatzes in Aktion gesetzt worden waren.

Die Festungsartillerie-Korps waren auf die Festungen nach den Erfordernissen verteilt, konnten jedoch auch zu Gruppen leichter Belagerungsartillerie abgestellt werden, um die Feldartillerie zu unterstützen.

1
2
3
4
5
6
7
8

3
4
1
2
5
6
7
8
9
L. & F. FUNCKEN

FÜNFTER TEIL

DAS RUSSISCHE HEER

RUSSLAND
GARDE-INFANTERIE

1. Grenadier des Regiments Pawlowski in Winter-Paradeuniform, 1835. Auch alle anderen Abbildungen gehören zum gleichen Regiment, nur Nr. 6 nicht. – 2. Grenadier-Unteroffizier in Großer Sommeruniform, 1835. – 3. Grenadiermütze. Sie war 30 cm hoch. – 4. Grenadier, 1845. – 5. Grenadier, 1854. Der alte Frack mit den Schoßumschlägen ist dem langen Waffenrock gewichen. – 6. Tambour-Major des Regiments Preobraschensky, 1854. – 7. Subaltern-Offizier in Ausgehuniform für den Winter, 1835. – 8. Subaltern-Offizier in Großer Winteruniform, 1835. – 9. Höherer Offizier in Großer Sommeruniform, 1835.

Infanterie

Zwei Bände wie der vorliegende reichten kaum aus, um den riesigen Stoff, den das russische Heer allein im 19. Jahrhundert bietet, angemessen vorzustellen. Wir beschränken uns deshalb darauf, auf unseren Bildtafeln die wesentlichen Etappen der Entwicklung der Uniformen zu zeigen.

Als im Jahre 1846 der imposante Helm mit Spitze eingeführt wurde, bekam der russische Infanterist ein völlig verändertes Aussehen, denn bisher erinnerte er stark an den Stil »Premier Empire«, obgleich es auch verschiedene typisch russische Elemente gab.

Im Jahre 1855 trat ein ganz neu und modern aussehender Soldat in Erscheinung, der einen kleinen Tschako nach französischer Art trug. War dies vielleicht ein erstes Anzeichen der langsamen Verschlechterung der Beziehungen zwischen den Herrschern aller Reußen und Preußens und später des Deutschen Reichs? Wohl kaum.

Erst die Unterschrift unter dem deutsch-österreichischen Vertrag von 1879 gegen einen möglichen Angriff Rußlands brachte Kaiser Wilhelm I. von seinem Neffen, dem Zaren von Rußland[1], eine so deutliche Warnung ein, daß sie »der Ohrfeigenbrief« genannt wurde. Es besteht kein Zweifel, daß die »Slawisierung« des russischen Heeres eines der greifbarsten Ergebnisse hieraus war, bevor man handgemein wurde.

In dieser unruhigen Zeit lieferten Rußland und seine 115 Millionen Einwohner dem Zaren, dem obersten Befehlshaber des Heeres, jährlich 890 000 Rekruten, von denen aber nur 240 000 junge Männer zu einem Zwangsdienst vom 20. bis 43. Lebensjahr herangezogen wurden[2].

Diese 240 000 Männer leisteten im Prinzip fünf Jahre im aktiven Heer ab, jedoch die fähigsten unter ihnen brauchten nur eine viel kürzere Ausbildung zu machen, die manchmal nur ein Jahr dauerte.

1. Die Schwester Wilhelms I., Charlotte, die Nikolaus I. von Rußland geheiratet hatte, war die Mutter von Zar Alexander II.
2. Die nicht ins Heer aufgenommenen Dienstpflichtigen zahlten eine Militärsteuer.

Danach wurden die Soldaten beurlaubt und gehörten nun 18 Jahre lang der aktiven Reserve an, anschließend wurden sie, bis zum vollendeten 43. Lebensjahr, in die »Opoltschenije« oder Miliz aufgenommen.

Diese Miliz umfaßte auch die nicht Eingezogenen, die das sogenannte erste Aufgebot bildeten.

Mit den 22 Rekruten-Jahrgängen, über die das kaiserliche Heer verfügte, konnte es die enorme Zahl von 11752000 Mann mobilisieren, davon dreieinhalb Millionen mehr oder weniger gut Ausgebildete.

Die Infanterie des aktiven Heeres bestand aus 48 Divisionen zu je zwei Brigaden, die ihrerseits aus je zwei Regimentern zu 4 Bataillonen mit je 1000 Gewehren etwa, unterteilt in 4 Kompanien, gebildet wurden.

Unter den 12 Garde-Regimentern gab es drei Grenadier-Regimenter und ein Jäger-Regiment. Danach kamen 16 Grenadier-Regimenter, die fortlaufend numeriert waren und zusätzlich Namen von Städten, Provinzen, Flüssen usw. trugen, wie das auch die 165 Linien-Regimenter taten, die ihnen folgten.

Insgesamt umfaßte die Infanterie 862 aktive Bataillone, von denen 90 Jäger waren.

Die Reserve konnte 444 Bataillone in Kriegsstärke aufstellen; die Festungstruppen beliefen sich auf 150 Bataillone. Es gab außerdem sogenannte territoriale Truppen, die zur Bewachung eines bestimmten Gebiets abgestellt waren und in gewissen Fällen auch nach außerhalb geholt werden konnten. Sie machten insgesamt 155 Bataillone aus.

Die 30 Brigaden und zwei unabhängigen Detachements, die speziell die Grenzen zu bewachen hatten und verwaltungsmäßig seltsamerweise dem Finanzministerium unterstanden, gehörten im Kriegsfall zu den Feldtruppen; zwei Drittel von ihnen waren entlang der preußischen und der österreichischen Grenze postiert.

Zu dieser eindrucksvollen Rechnung müssen der Vollständigkeit halber noch die kosakischen Infanteristen sowie verschiedene irreguläre Milizen von Batum, Gurjew usw. hinzugezählt werden.

Aber schon ohne sie konnte die russische Infanterie in Kriegsstärke über 1520000 Mann verfügen.

Interessant ist auch, daß jedes Infanterie-Regiment einen Stoßtrupp von 64 sorgfältig ausgewählten Männern besaß, die mit gefährlichen Aufgaben betraut wurden.

Der Infanterist trug nur 84 Schuß Munition für sein Nagant-Mosin-Gewehr bei sich, auf dessen Lauf das Bajonett auf Dauer steckte.

RUSSLAND
INFANTERIE

1. Infanterist, 1830. Der riesige Tschako war 1828 eingeführt worden. Im Sommer und zur Paradeuniform wurde die weiße Hose getragen. – 2. Felduniform, 1844. Der Tschako ist mit einem Wachstuchüberzug versehen. – 3. Tschako 1828–1846 mit dem Parade-Busch. – 4. Komplettes Feldgepäck, 1840. – 5. Infanterist, 1846. – 6. 1846 eingeführter Helm. Nur die Garde behält ihn über 1855 hinaus, um ihn 1862 gegen ein Käppi französischen Stils einzutauschen. Die Linien-Infanterie begnügte sich bis zur großen Vereinheitlichung von 1882 mit einem zylindrischen Tschako. – 7. Felduniform auf der Krim, 1853–1856. Das wasserdichte, zylindrische Etui barg den Capotemantel. Da der sehr lang war und bis 20 cm über den Boden reichte, wurde er auf den Märschen nach innen hochgeschlagen. Rechts, Lagermütze. – 8. Grenadier der Garde mit der neuen, »slawisierten« Uniform von 1882. Das Regiment Pawlowski war das einzige, das noch Grenadiermützen trug. – 9. Felduniform 1882 mit der neuen Ausrüstung und der Lammfellmütze, die nur zur Parade und im Winter getragen wurde. Der Waffenrock im Kaftanstil wurde rechts zugehakt; das Bajonett wurde ohne Scheide auf dem Gewehr getragen. – 10. Felduniform 1882 mit der Sommermütze. Man sieht den schräg umgehängten Mantel, der in Zeltleinwand eingewickelt und ins Kochgeschirr gestopft ist. Das weißliche Etui enthielt ein Paar Reservestiefel, der Brotbeutel die übrigen Sachen.

1
2
3
4
5
6
7
8
9
10
L. & F. FUNKEN

Kavallerie

Seit dem Krimkrieg war die russische Kavallerie zahlenmäßig unzweifelhaft die stärkste der Welt mit mehr als 60 Regimentern, die in 20 Divisionen aufgeteilt waren und pro Division im allgemeinen drei Linien-Regimenter und ein Kosaken-Regiment umfaßte.

Gegen Ende des Jahrhunderts galt noch die gleiche Zusammensetzung, aber die Zahl der Divisionen hatte sich auf 22 erhöht.

Die aktive Kavallerie bestand aus 112 Regimentern, die sich wie folgt auf die Waffen-Untergattungen verteilten:

4 Garde-Kürassier-Regimenter, praktisch die einzigen Regimenter Schwere Kavallerie;

53 Dragoner-Regimenter, davon 2 Garde-Regimenter, 2 Regimenter Garde-Ulanen und 2 Regimenter Garde-Husaren; sie bildeten die Linien-Kavallerie;

51 Kosaken-Regimenter: 19 vom Don (davon 2 Garde-Regimenter), 15 vom Kaukasus, 6 aus Orenburg, 3 vom Ural, 1 aus Astrachan, 6 aus dem asiatischen Teil Rußlands und 1 Krim-Tataren; sie bildeten die Leichte Kavallerie.

Die Zahl der Eskadronen lag nicht fest; sie reichte von 6 bei der Linie bis 4 bei den Kürassieren und den Kosaken der Garde. Die Kosaken vom Amur (asiatischer Teil Rußlands) und die Tataren hatten nur zwei.

Wie die Infanterie-Regimenter besaßen auch die Kavallerie-Regimenter alle einen Sondertrupp mit Namen »Jäger-Aufklärer« und 24 Mann stark.

In Kriegszeiten wurden aus den berittenen Grenzschutztruppen, den Kosaken-Reserven und den irregulären Milizen zu Pferde zahlreiche Formationen, »Sotnie« genannt, aufgestellt, wodurch die russische Kavallerie von 99 700 Pferden auf mehr als 204 000 Pferde vergrößert wurde.

Wenn man den amtlichen Berechnungen glauben darf, konnte die Kavallerie, wenn alle Reserven ausgeschöpft wurden, im Felde 500 000 Reiter erreichen.

Bewaffnung

Die vier Kürassier-Regimenter hatten Säbel und Revolver. Ihre vordersten Reihen waren außerdem mit einer 2,74 m langen Lanze ausgerüstet, deren Schaft in der Abzeichenfarbe gestrichen war.

Genauso war es bei den Ulanen, doch war der Lanzenschaft bei ihnen einheitlich aus schwarzem Holz, die hinteren Reihen hatten als Waffen lediglich Karabiner und Krummsäbel. Die Husaren waren auf gleiche Weise eingeteilt.

RUSSLAND
KAVALLERIE (I)

1. Trompeter der Garde-Kavallerie, 1835. Ganz links oben, Rückansicht. – 2. Garde-Reiter, 1835. Links, Rückansicht. – 3. Garde-Reiter in Großer Uniform, 1850. – 4. Gendarm der Garde, 1850. – 5. Unteroffizier der Chevalier-Garde in Großer Uniform, 1850. – 6. Gardist des Leib-Garde-Kürassier-Regiments der Kaiserin in Gala-Superweste, 1850. – 7. Trompeter der Leibgarde in Salon-Superweste, 1880. – 8. Helm, Leib-Garde-Kürassier-Regiment der Kaiserin. Er ist mehr als 40 cm hoch und wiegt über 1,3 kg.

1
2
3
4
5
6
7
8
L. & F. Funcken

Alle Dragoner waren mit Säbel und Karabiner mit Bajonett, der nach Grenadiersart (am Bandelier) getragen wurde, bewaffnet. Die Bajonettscheide war an die Säbelscheide angeklammert.

Die Kosaken der vordersten Reihe waren im allgemeinen mit einer Lanze (ohne Fähnlein) bewaffnet und trugen außerdem einen Karabiner ohne Bajonett. Die Kosaken vom Kaukasus, die keine Lanze führten, legten ihren Karabiner in ein Pelzetui; Säbel, Pistole und ein Dolch an der Taille vervollständigten ihre Bewaffnung.

Im Gegensatz zu Deutschland und Frankreich zeigte Rußland eine große Vorliebe für den Kampf zu Fuß, der sich kurz zuvor im Sezessionskrieg als höchst wirksam erwiesen hatte.

Der russisch-türkische Krieg von 1877–1878 sollte übrigens praktisch kein Beispiel für den Kampf zu Pferde liefern: Die Kavallerie kämpfte dort wie eine ausgezeichnete Infanterie mit zehnmal so hoher Mobilität.

In einer seltsamen Verkehrung der Dinge saßen die legendären Zentauren zum Kämpfen ab, während die Nachfahren der Kelten und Franken nicht mehr aus dem Sattel steigen wollten, nachdem sie jahrhundertelang im Kampf zu Fuß geglänzt hatten.

Der Kosaken-Reiter hatte sich, was häufig nicht bekannt ist, auch im Kampf zu Fuß zu allen Zeiten ausgezeichnet. Er bot ein erstaunliches Schauspiel, wenn er abstieg und dabei eine Leine um ein Vorderbein seines Reittieres legte, das sich dann auf die erste Aufforderung hin flach auf die Seite legte. Das Pferd sollte dem Reiter nicht etwa als Schutzwall dienen, im Gegenteil, der Reiter entzog es so dem feindlichen Feuer und hatte selbst die Hände völlig frei, um seinen Karabiner zu laden, zu zielen und zu schießen.

Der moderne Karabiner sollte eine gefährliche Waffe in den Händen der Kosaken werden, deren Geschicklichkeit schon mit einer mangelhaften Waffe legendär war, wie ihre Teufels-Dschigitowki schon immer gezeigt hatten, ihre hinreißenden Sprünge auf dem Pferd, die noch in unseren großen Zirkusvorstellungen weiterleben.

Die Kosaken wurden gezielt aus ihren elf Gruppierungen rekrutiert, denen ebenso viele besondere Heere oder »Wojska« mit einem Ataman als Befehlshaber entsprachen.

Der Kosak rüstete sich auf eigene Kosten aus und diente vom 18. bis zum 38. Lebensjahr. Nach einigen Jahren, in denen er erste Elemente der Disziplin erlernte, verbrachte er vier Jahre in einer regulären Einheit seiner eigenen Armee. Dann kamen vier weitere Jahre in seiner Heimat, in denen er seine Waffen und sein Reittier behielt, und noch vier Jahre, in denen ihm nur mehr seine Uniform blieb.

Seine letzten fünf Dienstjahre stellten schließlich die sogenannte Reservezeit dar – eine Reserve, die ihn nur im Falle der Mobilmachung noch zum Dienst verpflichtete. Aber in einem solchen Falle mußten alle wehrfähigen Kosaken zu den Waffen, ohne Altersbegrenzung.

RUSSLAND
KAVALLERIE (II)

1. Garde-Husar in Felduniform, 1835. – 2. Standartenträger der Garde-Dragoner, 1835. – 3. Garde-Husar, 1827. – 4. Verschiedene Kosaken, 1860. – 5. Garde-Kosak, 1860. – 6. Reitender Grenadier der Garde, 1850. – 7. Offizier der Garde-Husaren, 1855. – 8. Unteroffizier der Dragoner, 1890. Die Lammfellmütze für Paraden und der zugehakte Waffenrock werden 1882 praktisch im ganzen Heer eingeführt. Abgesehen von der Garde, wird die ganze Linien-Kavallerie zu Dragonern umgebildet. – 9. Trompeter der Garde-Ulanen, 1835. – 10. Russischer Dragoner, 1882.

1
2
3
4
5
6
7
8
9
10
L. & F. FUNCKEN

Artillerie

1. Garde-Artillerist, 1835. – 2. Reitende Artillerie mit der Mütze für den Sommer, 1885. – 3. Artillerist, 1856. – 4. Reitender Artillerist, 1885. – 5. Offiziere der Garde-Artillerie, Große Uniform und Kleine Uniform, 1835. – 6. Offizier der Garde-Artillerie, 1885. – 7. Tschako der reitenden Artillerie, 1825.

Von der ganzen Armee, mit Ausnahme der Garde, besaß die Artillerie die größte Zahl gut ausgebildeter Offiziere und erhielt auch den höchsten Sold.

Zur Zeit des Krimkriegs wurde diese Waffengattung von den Gegnern Rußlands als sehr gut bedient und wirksam angesehen. Die Lafetten und das rollende Material waren aus Schmiedeeisen gebaut und nicht aus Holz oder Eisen, was ihnen gegen feindlichen Beschuß hohe Widerstandsfähigkeit gab.

Gegen Ende des Jahrhunderts verwendete Rußland vier Geschütze aus Gußstahl:

Eine schwere Kanone von 106,7 mm;
eine leichte Kanone von 87 mm;
eine Kanone für reitende Artillerie von 87 mm;
eine Gebirgskanone von 63,5 mm.

Ein Feldmörser von15,24 cm vervollständigte dieses Arsenal.

Die Feldartillerie des aktiven Heeres, einschließlich einer bestimmten Zahl reitender Batterien von regulären Kosaken, bestand aus 48 bespannten Gruppen (Brigaden), die den 48 Infanterie-Divisionen (3 Garde-, 4 Grenadier- und 41 Linien-Divisionen) zugeordnet waren.

Außerdem gab es 44 reitende Batterien, die wie folgt aufgeteilt waren: 6 bei der Garde-Kavallerie – in 2 Gruppen zu 3 Batterien – und 38 zu jeweils zwei pro Division bei den 20 Kavallerie-Divisionen (zwei Divisionen hatten nur eine Batterie). Darüber hinaus gab es noch 3 gemischte unabhängige Gruppen, 6 unabhängige reitende Batterien, 7 Mörser-Regimenter, 1 Finnland-Regiment mit 4 leichten Batterien, 7 Mörser-Regimenter, 1 Finnland-Regiment mit 4 leichten Batterien und schließlich 1 Gebirgsregiment mit 3 Batterien, das in Kiew kaserniert war.

In Europa setzten sich die bespannten Divisionsbrigaden im allgemeinen aus jeweils 6 Batterien zusammen, davon 2 schwere und 4 leichte; 5 Brigaden und die der Grenadiere aus dem Kaukasus bestanden aus je 8 Batterien, 2 schweren und 6 leichten.

Von den 7 Mörser-Regimentern umfaßten die ersten drei je 4 Batterien Mörser und die letzten vier nur zwei Batterien.

Das Regiment Gebirgsartillerie besaß 3 Batterien, in Kriegszeiten die doppelte Zahl.

Insgesamt zählte die Feldartillerie 420 Batterien, davon 90 schwere bespannte, 230 leichte bespannte, 50 reitende Batterien (darunter 20 Kosaken-Batterien), 18 Gebirgsbatterien und 26 Mörser-Batterien.

Die 38 Reservebatterien konnten 152 zusätzliche Batterien stellen.

Die 5 in Warschau stationierten Batterien sind als Truppe der Feldartil-

1
2
3
4
5
6
7
L. & F. FUNCKEN

lerie zu betrachten, und die verschiedenen Kosaken-Wojska mußten 18 reitende Batterien zusammenbringen.

So konnte die russische Feldartillerie für den Krieg über 492 Batterien zu je acht Geschützen und 84 Batterien zu sechs Geschützen verfügen, das heißt insgesamt über 4440 Kanonen.

Es blieb noch die Festungsartillerie, die in die Kategorie der territorialen Truppen eingestuft war und von der Feldartillerie völlig getrennt. Diese Artillerie umfaßte 53 »europäische« Bataillone, zu denen 10 unabhängige Kompanien und 2 Detachements hinzukamen.

Schließlich waren 3 Bataillone Belagerungsartillerie in Kiew, Dwinsk (Dünaburg) und Brest-Litowsk stationiert, wahrscheinlich waren es leichte Belagerungsparks.

Die Geschosse für die Kanone von 106 mm waren eine Granate oder ein Schrapnell mit 335 Kugeln. Das leichte Geschütz der bespannten oder reitenden Artillerie lud entweder eine gewöhnliche Granate oder ein Schrapnell mit 165 Kugeln. Das Gebirgsgeschütz verschoß die klassische Granate oder ein Schrapnell mit 80 Kugeln, und schließlich der Mörser verschoß eine Granate von 25,4 kg und ein Schrapnell von 29,5 kg mit 610 Kugeln.

★

Bis zum Schluß bleiben wir der Genauigkeit treu, die für ein solches Werk unerläßlich ist. Der Leser hat sicherlich zwischen den Zeilen gelesen und unsere Wißbegier, unser Erstaunen vor diesem eigenartigen Phänomen geteilt: daß es zu allen Zeiten und überall auf dieser Erde Männer gegeben hat, die zum Kampf abgestellt, mit einer komplexen Organisation bedacht und in Uniformen gekleidet wurden, die zugleich zweckmäßig und höchst phantasievoll waren. Diesen Uniformen wurde bei Paraden Beifall geklatscht, aber sie kannten auch den Schlamm der Schlachtfelder oder den Schweiß der langen Märsche ... konkrete und daher packende Zeichen einer Geschichte, in der der Krieg leider niemals fehlt.

Sie, lieber Leser, werden nicht erstaunt sein, daß das Studium der Militär-Kleidung zu einer Leidenschaft werden kann, daß es Figurinen oder Bilder zu Tausenden hervorgebracht hat.

Inhaltsverzeichnis

L. & F. FUNCKEN